너의
꽃놀이

너의 꽃놀이

—
2019년 4월 5일 1판 1쇄 인쇄
2019년 4월 15일 1판 1쇄 발행
—
지은이 김미녀
펴낸이 이상훈
펴낸곳 책밥
주소 03986 서울시 마포구 동교로23길 116 3층
전화 번호 02-582-6707
팩스 번호 02-335-6702
홈페이지 www.bookisbab.co.kr
등록 2007.1.31. 제313-2007-126호
—
기획·진행 기획2팀 박미정
교정교열 추지영
디자인 프롬디자인 한정수 김지선 김혜진
—
ISBN 979-11-86925-74-4 (13980)
정가 15,800원
—
저작권자나 발행인의 승인 없이 이 책의 일부 또는 전부를
무단 복사, 복제, 전재하는 것은 저작권법에 저촉됩니다.

책밥은 (주)오렌지페이퍼의 출판 브랜드입니다.

이 도서의 국립중앙도서관 출판예정도서목록(CIP)은 서지정보유통지원시스템 홈페이지
(http://seoji.nl.go.kr)와 국가자료종합목록시스템(http://www.nl.go.kr/kolisnet)에서
이용하실 수 있습니다. (CIP제어번호 : CIP2019012173)

오늘이 행복한 작은 여행 #2

너의 꽃놀이

꽃 피는 계절에 맞춰
필름 사진으로 담아낸 고운 꽃여행

글·사진
김미녀(lovesomsatang)

책밥

Prologue

     비행기를 타고 며칠씩 떠나는 것만이 여행은 아니다. 도심에서 살짝 벗어나 가까운 외각 드라이브를 하는 것도 여행일 수 있고, 때로는 낯선 이웃 동네 골목길 산책도 여행이 될 수 있다. 가벼운 마음으로 집을 나서면 그것 또한 여행이지 않을까.

     사진을 찍기 시작하면서 하늘을 올려다보는 버릇이 생겼다. 구름 한 점 없는 푸른 하늘이어서, 하얀 뭉게구름이 예뻐서, 햇빛이 너무 좋아서, 또 촉촉하게 비가 내려서……, 밖으로 나가고 싶은 이유는 너무나도 많다.

     달력을 들여다보며 며칠 연휴라도 있으면 어디를 가볼까 고민하고, 휴일 하루를 집에서만 보내면 왠지 억울한 느낌이 들 정도로 '밖'이 좋다. 혼자 나서는 가벼운 드라이브도 좋고, 좋은 이들과 함께하는 나들이도 좋다. 주말 아침 허리가 아플 만큼 늘어지게 자고 일어나 느지막이 주변 산책을 하는 것도 너무 좋다.

꽃들이 피어나기 시작하는 봄이 되면 가고 싶은 곳도 가야 할 곳도 너무 많아 설레는 마음과 함께 행복한 고민에 빠져든다. 매주 하나씩 순서대로 피어주면 좋으련만 수많은 봄꽃들이 곳곳에서 한꺼번에 꽃망울을 터트리니 어떤 꽃을 찾아 어디로 가야 할지 늘 선택의 기로에 놓인다. 아주 가끔은 동백꽃 하나 보자고 1박 2일 제주도로 떠나고, 샤스타데이지를 찾아 왕복 7시간이 넘는 정선까지 당일치기 여행을 하기도 한다. 그런 날 며칠을 제외하고는 대부분 2시간 이내를 크게 벗어나지 않는다. 특별한 곳도 아니고 특별할 것도 없이 내 주변에서 흔히 볼 수 있는 꽃, 해마다 찾는 곳이어도 또다시 꽃이 피면 언제나 그렇듯 설레는 마음을 안고 그곳으로 떠난다.

주말과 휴일 하루하루의 소소한 여행이 차곡차곡 쌓여 한 권의 추억이 되었다. 사진작가도, 글을 쓰는 전문 작가도 아닌, 그냥 나들이를 좋아하고 사진을 좋아하고 꽃을 좋아하는 보통 사람의 사진과 글이니 부담 없이 술술 넘기기를 바란다.
그리고 1년 내내 여행하는 마음으로, 일상이 여행이 되고, 여행이 일상이 되는 꽃 같은 날들이길 바란다.

2019년 봄

Preview

꽃놀이 장소를 행정구역으로 구분한다.

각 스폿을 즐기기 위해 필요한 입장료나 오픈 시간 및 각종 정보를 소개한다.

추천 월(月)

꽃과 제목

대표적인 풍경과 사진

스폿의 구체적인 주소와 주차 가능 여부, 꽃놀이를 한 다음 방문해 쉴 수 있는 분위기 좋은 카페를 소개한다. 가끔 다른 도시의 카페를 소개한 곳도 있는데, 행정구역이 달라도 가까운 거리에 있는 곳이니 참고하자.

함께 가면 좋은 코스를 소개한다.

스마트폰으로 QR코드를 스캔하면 네이버지도를 통해 가는 길을 검색할 수 있나.

꽃과 꽃피는 장소, 방문하면 좋은 추천 월(月)을 표기한 지도를 부록으로 제공한다. 본문 페이지 번호를 표시해 꽃놀이 코스를 짤 때 참고하면 좋다.

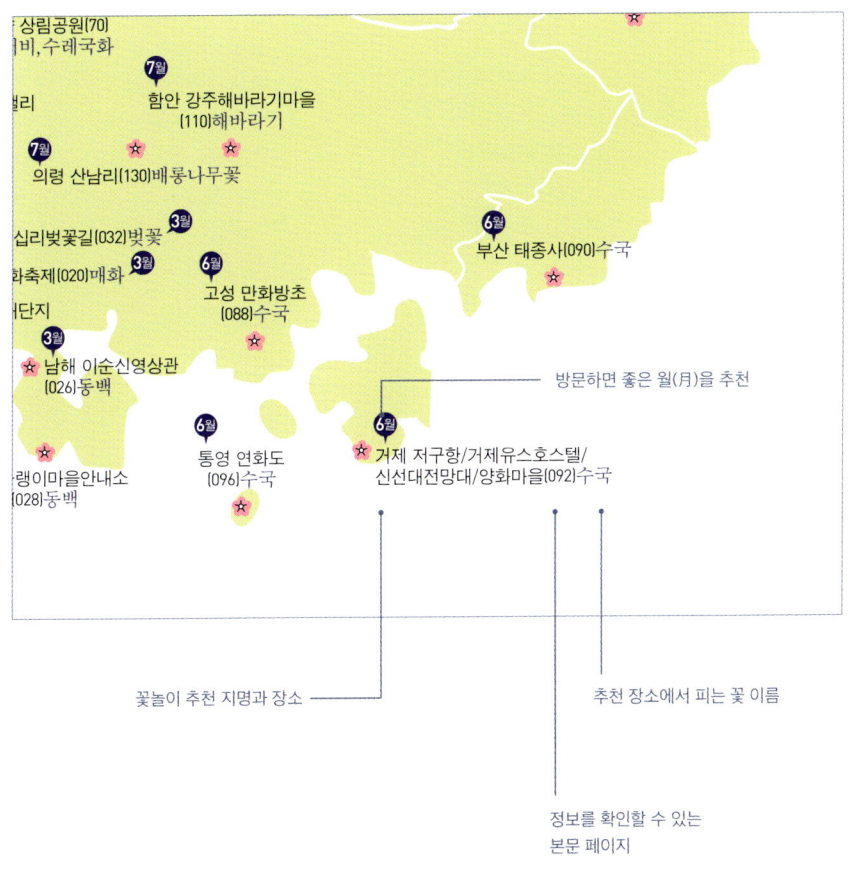

Contents

SPRING 봄

016 광양 매화마을
섬진강 물길 따라 흐드러진 매화

020 구례 반곡·상위마을
샛노란 산수유 터널 속으로

022 구례 현천마을
노란 꽃길 따라 봄맞이

024 해남 보해매실농원
땅끝에서 만나는 매화 천국

026 남해 이순신영상관
요정의 숲, 붉은 동백 꽃송이

028 남해 다랭이마을
우연히 만나는 푸른 바다
붉은빛 동백

030 제주도 서귀포
노란 물결 속으로 봄 드라이브

032 하동 십리벚꽃길
잊지 못할 벚꽃 로드

038 담양 담양호
봄바람에 꽃비 흩날리며

040 전주와 익산을 잇는 천변 벚꽃길
한적한 나만의 벚꽃 산책

042 완주 동상면 이름 모를 과수원
멀리서도 설레는 분홍빛 복사꽃

044 전주 완산공원
꽃 터널을 이루는 겹벚꽃과 철쭉

048 순천 선암사
봄날, 수목원 같은 산사를 걷다

052 완주 동상면
이름 없는 길에도 차를 멈춘다

058 부안 변산반도 수성당
푸른 바다 노란 물결 유채꽃

060 전주 이팝나무 철길
봄에 만나는 눈꽃 터널

064 고창읍 덕산리
붉은 포도송이가 주렁주렁
분홍아까시

066 대전 대청호
속없이 한껏 흐드러진 작약

068 전주 송천동 골목길
화려함으로 물든
소박한 풍경, 장미꽃

070 함양 상림공원
꽃길 찾아 숲길 산책

072 광주 환벽당 / 충효분교
뙤약볕 아래 붉고 푸른 빛깔의
양귀비와 수레국화

076 광양 사라실라벤더시험재배단지
끝없는 보랏빛 향연을
꿈꾸는 라벤더

078 경주 첨성대
어린 시절의 그리움이
묻어나는 접시꽃

SUMMER 여름

082 울산 태화강대공원
강가를 수놓은 보랏빛 맥문동 물결

084 정선 하이원리조트
순백색 천상의 화원 샤스타데이지

088 고성 만화방초
비밀의 화원을
화사하게 드러내는 수국

090 부산 태종사
새벽안개 속에서
더욱 은은한 수국

092 거제도
무심한 듯 화사한 수국

096 통영 연화도
연꽃 섬을 온통 파랗게
물들이는 수국

098 전주 덕진공원 / 완주 송광사
한여름의 화려한 연꽃 산책

100 경주 황룡사지
천년 절터를 뒤덮은 백일홍 물결

102 인제 속삭이는자작나무숲
요정을 만날 듯한 신비로움

106 지리산 허브밸리
소소한 힐링을
가득 선사하는 허브

108 부여 궁남지
빛의 향연과 어우러진 연꽃

110 함안 강주해바라기마을
발길을 붙드는 노란 물결

114 진안 진안농업기술센터
청정 고원을 노랗게 메운 해바라기

116 전주 전동성당 / 경기전
해마다 기다려지는
진분홍빛 여름

119 군산 옥구향교
정갈하고 소소한 배롱나무꽃 풍경

120 서산 개심사 / 문수사
아침 햇살 가득 머금은
분홍빛 배롱나무꽃

126 고창
오며 가며 만나는 배롱나무꽃

130 **의령 산남리** | 시골길을 화려하게
장식하는 배롱나무 꽃길

131 **담양 명옥헌** | 연못을 둘러싼
배롱나무 꽃숲

132 전주 한옥마을
타박타박 걷는 길에 만나는
능소화

AUTUMN 가을

138 태안해안국립공원
바다 전망 수목원 나문재카페

140 구례 마광삼거리
가을 들판에 하늘거리는
황화코스모스

142 양주 나리공원
천만 송이 진분홍빛
천일홍 바다

144 **양주 나리공원** | 꽃 천국을 장식하는
가우라, 댑싸리, 안젤로니아

146 고창 학원농장
계절마다 마음 설레는 꽃축제

148 영광 불갑사
초록 숲의 붉은 바다 꽃무릇

150 남원 향기원
도심 속 비밀의 화원 가을꽃

152 인천 굴업도
푸른 바다 위로 일렁이는
수크령

160 고창 선운사
남쪽 가을의 절정 꽃무릇

162 고창 학원농장
서리처럼 하얗게 반짝이는
메밀밭

166 순천 순천만국가정원
분홍빛 안개가
피어오른 듯한 핑크뮬리

168 남원 신생마을
층층계단의 신비로운
분홍빛 안개

170 진안 산약초타운
마이산 아래 꽃눈이 덮인 풍경

174 정읍 옥정호 구절초테마공원
솔숲 가득 피어나는 구절초 향기

178 **정읍 구절초테마공원** | 안개에 싸인
코스모스

180 태안 청산수목원
가을 하늘을 풍성하게 채우는
팜파스그라스

184 고창 고인돌공원
오감만족 국화 여행

186 전주 전주향교
하늘과 땅이 노랗게 물들다

190 아산 곡교천 은행나무길
노란 터널 아래 노란 카펫

192 천안 독립기념관 단풍나무 숲길
걸음걸음 온통 붉고 노란빛

194 광주 무등산국립공원
900고지 평원을
하늘하늘 뒤덮은 억새

196   장수 장안산
　　　가을 산을 하얗게 뒤덮은 억새

198   제주도 새별오름 / 유채꽃프라자
　　　푸른 바다로 더욱 빛나는 억새

202   나주 전남산림자원연구소
　　　가을의 끝을 붉게 물들이는
　　　메타세쿼이아길

WINTER 겨울

206   제주도 제주동백수목원 /
　　　동백포레스트 / 카페 동박낭
　　　진한 분홍빛이 뚝뚝 떨어지다

208   전주 건지산 편백나무 숲길
　　　눈이 내리면 겨울숲으로 가자

212   무주 덕유산
　　　크리스마스트리 같은
　　　최고의 눈꽃

218   **무주 덕유산** | 아름다움이 능선마다
　　　피어오르는 덕유산의 여름

222   제주도 한라산 1100도로
　　　숨 막힐 듯 하얀 눈꽃 드라이브

꽃놀이 코스

다음은 본문에서 소개한 장소 중 한 번에 가면 좋은 곳이다. 거리가 가까우니 아침 일찍 출발해 꽃놀이를 즐겨보자.

광양 매화마을 매화(016쪽) - 구례 산수유(020, 021쪽)

남해 이순신영상관 동백꽃(026쪽) - 남해 다랭이마을 동백꽃(028쪽)

경주 첨성대 접시꽃(078쪽) - 경주 황룡사지 백일홍(100쪽)

고성 수국(088쪽) - 거제도 수국(092쪽)

담양 명옥헌 배롱나무꽃(131쪽) - 고창 학원농장 배롱나무꽃(126쪽)

태안 청산수목원 팜파스그라스(180쪽) - 태안 나문재카페(138쪽)

남원 향기원 코스모스(150쪽) - 남원 신생마을 핑크뮬리(168쪽)

아산 곡교천 은행나무(190쪽) - 천안 독립기념관 단풍나무(192쪽)

전주 이팝나무 철길 이팝나무꽃(060쪽) - 완주 겹벚꽃(052쪽)

고창 선운사 꽃무릇(160쪽) - 고창 학원농장 해바라기, 꽃무릇, 메밀꽃(126, 146, 162쪽)

사계절 꽃놀이 스폿

다음은 사계절 꽃놀이를 즐길 수 있는 곳으로 계절마다 다음과 같은 꽃을 만날 수 있다. 다만 지자체에 따라 해마다 심는 꽃이 달라질 수 있으니 참고하자.

함양 상림공원(070쪽)
봄 | 개양귀비, 수레국화, 금계국, 샤스타데이지, 작약 등
여름 | 연꽃
가을 | 꽃무릇

경주 첨성대(078쪽)
봄 | 양귀비, 작약, 수레국화, 수선화, 유채꽃 등
여름 | 접시꽃, 가우라, 도라지꽃, 연꽃, 배롱나무꽃, 황화코스모스 등
가을 | 층꽃, 꽃무릇, 핑크뮬리, 백일홍 등

양주 나리공원(142쪽)
봄 | 유채꽃, 장미, 양귀비, 튤립 등
여름 | 천일홍, 가우라 등
가을 | 댑싸리, 핑크뮬리, 코스모스, 칸나, 황화코스모스, 안젤로니아 등

울산 태화강대공원(082쪽)
봄 | 작약, 안개초, 양귀비, 수레국화 등
여름 | 해바라기, 맨드라미, 황화코스모스, 능소화, 맥문동 등
가을 | 코스모스, 국화, 억새 등

고창 학원농장(126, 146, 162쪽)
봄 | 유채꽃, 청보리 등
여름 | 해바라기, 백일홍, 황화코스모스, 연꽃 등
가을 | 메밀꽃, 코스모스, 해바라기 등

남원 향기원(150쪽)
봄 | 양귀비, 수레국화, 작약 등
여름 | 금계국, 백일홍 등
가을 | 코스모스, 천일홍, 국화 등

SPRING
봄

치맛자락과 꽃잎이 뒤엉킨
분홍분홍한 봄 꽃놀이

눈부신 햇살, 따스한 기운이 스며든 산과 들은 어느새 초록으로, 화사한 꽃으로 겨울이 끝났음을 알린다. 날씨도 옷차림도 설레는 마음도 어디론가 발길을 이끄는 '봄'이다. 이 계절은 어디로 떠나든 좋지만 가벼운 산책을 하듯 봄꽃 속으로 들어가 보자.

광양 매화마을

섬진강 물길 따라
흐드러진 매화

전라남도 광양시 다압면 지막1길 55 섬진마을
ⓟ 가능 • cafe 카페인마치 • 전라남도 광양시 다압면 원동길 70-18 • 061-772-8622

　　　　'처음'이라는 단어에는 설렘이 느껴진다. 봄꽃 중 맨 먼저 꽃망울을 터트리는 매화. 아직은 찬바람에 봄기운이 살짝 스며들면 섬진강변 매화마을로 떠난다.
해마다 3월 중순이면 열리는 광양매화축제는 전국에서 가장 먼저 열리는 꽃축제다. 섬진강 따라 나선 춘삼월 봄 마실, 아직 더 가야 하건만 화개장터를 지나 남도대교를 건너는 순간부터 이미 진한 매화 향이 코끝을 자극하니 초행길인 사람도 매화마을에 가까워짐을 알 수 있다. 만발한 백설의 매화만으로도 충분한데 아침 햇살에 반짝이는 섬진강 윤슬까지 더하니 봄나들이로 이만한 곳이 없다.
축제가 열리는 청매실농원은 엄청난 규모에 관광객들로 발 디딜 틈이 없다. 겨우내 참고 참았던 상춘객들이 광양 다압면 매화마을로 죄 몰려들었나 싶다.

오전 9시만 넘어도 주차장이 가득 차니 사람 많은 복잡한 곳이 싫다면 굳이 행사장을 찾지 않아도 된다. 근처가 온통 매화밭이니 가다 쉬다 매화꽃 아래서 한적한 꽃놀이를 즐겨보자. 여유가 된다면 조용한 밤 산책도 좋다. 어둠이 내리면 매화 향과 풍경이 몇 배는 더 진해진다.

spring
018

구례 반곡·상위마을

샛노란 산수유
터널 속으로

📍 전라남도 구례군 산동면 좌사리 ⓟ 가능 ☕ cafe
카페로192 · 전라남도 구례군 산동면 지리산온천로
192 · 010-4614-8800

    3월 중순부터 노란 꽃망울을 터트리기 시작하는 산수유는 광양의 매화가 피는 시기와 축제 기간도 비슷하니 조금 부지런을 떨면 하루에 두 곳을 둘러볼 수 있다. 광양 매화마을에서 1시간이면 충분히 갈 수 있는 거리니 오전에는 하얀 매화 향을 만끽하고 오후에는 온통 노란 세상으로 들어가 보자.
구례군 산동면은 우리나라 최대의 산수유 생산지로, 지리산온천관광단지에서 시작해 반곡마을, 대평마을, 상위마을, 하위마을 등 산수유꽃이 끝도 없이 늘어서 장관을 연출한다. 산수유 나무 한 그루 없는 집이 없을 정도니 어디를 가든 실컷 구경할 수 있다.

그중 사람들이 가장 많이 찾는 곳은 반곡마을과 상위마을이다. 샛노란 산수유가 터널을 이루고 아기자기한 돌담길에서 시골의 정취를 흠뻑 느낄 수 있다.

산수유문화관에서 시작해 섬진강 지류인 서시천을 따라 반곡마을을 돌아볼 수 있는 2.8킬로미터 꽃담길은 산수유길 대표 코스다. 산수유 관련 전시와 영상을 볼 수 있고 상위마을 돌담길을 걸을 수 있는 3코스 풍경길은 산수유가 가장 많고 1.7킬로미터로 부담스럽지 않게 꽃놀이를 즐길 수 있다.

구례 현천마을

노란 꽃길 따라 봄맞이

　　　　　구례 산수유축제 주 행사장에서 차로 10분 정도 떨어진 현천마을은 다른 마을에 비해 조금 여유롭게 산수유를 즐길 수 있다. 산수유 관광객보다 지리산 둘레길을 걷는 사람들이 더 많고, 관광지라기보다 한해 한해 빈집이 늘어가는 어느 시골 마을이다. 주차장도 협소하고 사람이 몰릴 때는 마을 입구에서 차가 뒤엉키기도 하지만 이마저도 썩 요란스럽지 않다.

어느 해에는 도시락을 싸서 둘레길을 걸었고, 또 다른 해에는 계획 없이 갑작스러운 드라이브로 마을에 도착하자마자 해가 져버리기도 했다. 지난해에는 샌드위치와 커피를 챙겨 와서 노란 산수유 그늘 아래 돗자리를 깔아보았다. 그렇게 갑자기 소풍 가듯 떠나도 언제나 편안하고 정겨운 곳이다.

워낙 작은 마을이어서 둘러보는 데 1시간 정도면 충분하다. 산수유는 보고 싶고 사람 붐비는 곳은 싫다면 산수유축제는 건너뛰고 조용한 현천마을을 천천히 둘러보는 것도 좋다. 전망대에 올라 마을 전경도 한눈에 담아보고, 골목골목 돌담길도 걸어보자. 마을 입구 저수지까지 한 바퀴 돌고 나면 아쉬움이 남지 않게 꽉 찬 여행이 될 것이다.

전라남도 구례군 산동면 현천2길 24　가능　cafe 카페로192・전라남도 구례군 산동면 지리산온천로 192・010-4614-8800

해남 보해매실농원

땅끝에서 만나는
매화 천국

 3월 중 ~ 3월 말

📍 전라남도 해남군 산이면 예덕길 125-89 🅿 가능 ☕ cafe 바우하우스142 • 전라남도 해남군 해남읍 북부순환로 142 • 061-536-0271

사람들로 떠들썩하지 않고 여유롭게 매화를 즐기고 싶다면 광양 매화마을보다 훨씬 한적하지만 풍경은 결코 뒤지지 않는 해남 보해매실농원도 좋다. 국내 최대 규모의 보해매실농원은 1만 4천여 그루의 청매, 홍매, 백매 등 각각의 매화와 10여 종의 야생화, 그리고 동백길까지 조성되어 있어 봄을 기다린 사람들에게 더할 나위 없다.

아직 꽃샘추위도 끝나지 않은 이른 봄이지만 땅끝이라 봄이 빨리 찾아온 것인지 줄 맞춰 늘어선 매화 터널 아래로 이미 초록이 한가득이다. 위로는 매화 향 가득하고 아래는 초록초록하니 돗자리 하나면 세상 행복하다. 워낙 넓은 규모이다 보니 매화밭 입구에서 조금만 벗어나도 한가로이 봄 소풍을 즐길 수 있다. 돗자리에 누워 담소도 나누고 책도 읽고 봄 햇살 받으며 스르르 단잠에 빠져보기도 한다.

<너는 내 운명>, <연애소설>의 촬영지로도 잘 알려진 보해매실농원에서 영화 속 주인공처럼 우리만의 행복한 시간을 만들어보는 것은 어떨까.

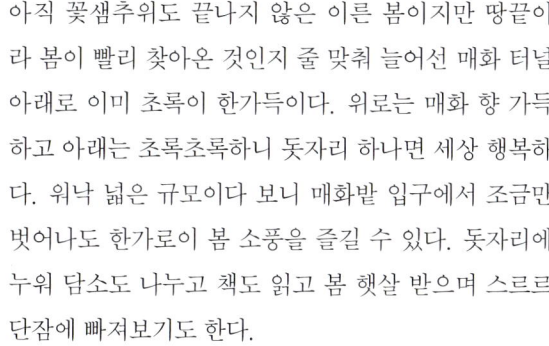

| 남해 이순신영상관

요정의 숲,
붉은 동백 꽃송이

3월 말

📍 경상남도 남해군 고현면 남해대로 3829 🅿 가능 ☕ cafe 지
금 여기 · 경상남도 남해군 남면 남면로 680 · 010-2719-1224

기대하고 찾아간 곳은 아무리 좋아도 그저 기대에 부응한 것일 뿐이지만 우연히 찾아간 곳에서 좋은 풍경을 만나면 기쁨이 두 배가 된다. 가장 따뜻한 남쪽으로 이른 벚꽃을 찾아 떠난 여행길에 우연히 만난 동백숲. 남해 가는 길, 운전으로 피곤한 몸을 잠시 쉬어 가자며 들른 이순신영상관이다. 주렁주렁 열렸다는 표현이 어울릴 만큼 동백 꽃송이들로 가득하다. 마치 요정의 숲 같은 그곳에서 가야 할 목적지조차 잊을 만큼 연신 셔터를 눌러댔다.

이순신영상관에 주차하고 관음포이충무공전몰유허 이정표를 따라 조금만 걸어가면 첨망대에 올라 작지만 비밀스러운 동백숲과 함께 바다도 감상할 수 있다.

19번 국도를 따라 남해로 떠나는 여행자라면 잠시 들러 동백숲의 붉은 유혹에 빠져보자.

| 남해 다랭이마을

우연히 만나는 푸른 바다
붉은빛 동백

 경상남도 남해군 남면 남면로 702 ⓟ 다랭이마을관광안내소 주차장 이용 ☕ cafe 지금 여기 · 경상남도 남해군 남면 남면로 680 · 010-2719-1224

　　　　한 번은 나무에서, 또 한 번은 땅 위에서, 동백꽃은 그렇게 두 번 핀다고 한다. 진한 초록 잎에 가려 나뭇가지에 매달려 있을 때보다 꽃봉오리째 땅 위에 떨어진 모습이 더 예쁘다는 사람들도 많다. 분명 겨울에 피어서 동백(冬柏)일 터인데, 오락가락하는 날씨 탓에 제주도를 제외하고는 봄꽃으로 봐야 하지 않을까 하는 생각도 든다.

남해 동백을 처음 보고 두 번 놀랐다. 한 번은 엄청난 꽃송이 크기에 놀라고, 싱싱한 꽃이 봉오리째 툭 떨어져 집 앞마당과 지붕 위, 담벼락과 장독대를 온통 붉게 뒤덮은 모습에 놀랐다. 제주도 동백처럼 군락을 이루지는 않지만, 집집마다 두어 그루, 폐교에 두어 그루, 들판을 달리다 우연히 만난 몇 그루의 동백이 군락지 이상의 즐거움을 준다.

이때쯤이면 다랭이마을과 그 주변은 온통 붉은 동백과 노란 유채로 가득하다. 맑은 날 바다 배경까지 더하고 며칠 더 지나 벚꽃까지 피기 시작하면 먼 길 떠나온 여행자도 피곤함을 느낄 틈이 없다.

| 제주도 서귀포

노란 물결 속으로
봄 드라이브

제주특별자치도 서귀포시 성산읍 고성리 ⓟ 불가 cafe 제주 그림상회・제주특별자치도 서귀포시 표선면 중산간동로5570번길 9・064-787-7607

우리나라에서 가장 먼저 봄이 시작되는 제주는 2월부터 유채꽃이 피어나기 시작한다. 유채꽃 프라자와 오라동 유채꽃밭, 산방산 인근 드라이브 코스에서 크고 작은 유채꽃밭을 만날 수 있다. 특히 성산일출봉을 배경으로 노랗게 피어난 유채꽃이 사람들의 발길과 마음을 붙잡는다. 섭지코지를 돌아본 다음 광치기해변에서 제주의 푸른 바다를 감상하고 성산일출봉으로 향하는 길에 유채꽃재배단지가 있다.
개인 농지로 1천 원의 입장료를 내야 하는데 크고 작은 유채꽃 단지마다 주인이 달라 입장료도 각각 따로 내야 한다. 배경도 예쁘고 사람도 없는 한적한 곳으로 찾아 들어가 이른 봄을 만끽해 보자.
3월 말에서 4월 초에는 벚꽃과 어우러진 유채꽃을 곳곳에서 만날 수 있다.

특히 유명한 서귀포 가시리 녹산로는 진입로부터 10킬로미터 구간에 노란 유채꽃과 분홍빛 벚꽃이 어우러져 최고의 드라이브 코스로 사랑받는다. '한국의 아름다운 길 100선'에 선정됐다고 하니 4월에는 가시마을로 봄을 만나러 가보자.

하동 십리벚꽃길

잊지 못할
벚꽃 로드

 3월 말 ~ 4월 초

경상남도 하동군 화개면 화개로 ⓟ 화개장터 주차장 이용 ☕ cafe
더로드101・경상남도 하동군 화개면 화개로 357・070-4458-4650

남프랑스에 라벤더 로드가 있다면 우리나라에는 섬진강 벚꽃 로드가 있다. 벚꽃축제가 열리지 않는 곳이 없고 벚꽃 터널 몇 군데쯤 없는 곳이 없지만 그중 단연 최고는 하동 벚꽃 로드다.

구례에서 하동까지 대략 백 리(약 40킬로미터), 화개장터에서 쌍계사까지 대략 십 리(약 4킬로미터)! 섬진강 따라 구례에서 하동까지 드라이브했다면, 화개장터에서 쌍계사까지 십리벚꽃길은 여유롭게 걸어보자.

화개로가 주 벚꽃길이지만 화개천 너머 맞은편 쌍계로 벚꽃길은 동백꽃, 조팝꽃, 개나리, 명자나무꽃 등 다양한 봄꽃을 만날 수 있는 아기자기한 마을 길로 느낌이 사뭇 다르다. 쌍계사까지 화개로로 올라갔다면 내려올 때는 맞은편 쌍계로를 택하는 것도 좋다.

벚꽃 로드와 녹차밭

도로에 갇히지 않으려면 시간대도 잘 맞춰야 한다. 주말에 떠난다면 오후 늦게 들어가 1박을 하거나 이른 새벽에 출발해 아침 햇살에 반짝이는 벚꽃을 보고 점심 전후에는 중심지를 벗어나는 것이 좋다. 백 리가 온통 벚꽃 세상이니 조금만 벗어나 한적한 섬진강변에 자리를 잡고 소풍을 즐겨보자. 벚꽃 그늘 아래 잠시 누워 봄바람을 맞는 것만으로도 충분한 힐링이 되지 않을까?

| 담양 담양호

봄바람에
꽃비 흩날리며

 전라남도 담양군 용면 추월산로 983-5 ⓟ 담양호국민관광단지 주차장 이용 ☕ cafe 까망감・전라남도 담양군 용면 추월산로 900-9・010-2640-9193

벚꽃은 만개했을 때도 예쁘지만 봄바람에 후두두 떨어질 때는 몽환적인 아름다움을 느낄 수 있다. 한 번씩 바람이 불 때마다 꽃비가 흩날리는 오후, 예쁜 도시락을 한가득 준비해 봄소풍을 떠난다. 어느새 들판은 초록초록하고, 산에도 알록달록 산벚꽃이 피어나 있다.
아직은 유명하지 않은 탓인지, 아니면 이런 벚꽃길은 흔한 탓인지 차도 사람도 많지 않다. 순창을 거쳐 담양온천을 지나 금성산성길과 추월산로를 따라 담양호국민관광단지까지 한참 꽃길을 달려 벚꽃도 있고 초록초록하며 햇볕도 잘 드는 곳에 자리를 폈다.

담양호국민관광단지 입구에 꽃비 내리는 풍경

잘 먹고 잘 쉬고 흩날리는 벚꽃 구경을 실컷 하고도 전주까지 오는 동안 몇 번의 벚꽃 터널과 몇 번의 꽃비를 더 만날 수 있으니 꽃놀이는 집에 도착할 때까지 끝나지 않는다.

담양호 드라이브길

전주와 익산을 잇는 천변 벚꽃길

한적한
나만의 벚꽃 산책

◁ 삼례교를 지나면 만날 수 있는 한적한 벚꽃길

한때 벚꽃 백릿길로 불리던 전주-군산 벚꽃길(번영로)은 만개 시즌에 맞춰 벚꽃 터널 42.195킬로미터를 달리는 국제마라톤대회가 열릴 정도로 엄청난 인기를 끌었다. 그러나 전주와 군산을 잇는 자동차 전용도로가 생기면서 전군가도(전주-군산 벚꽃길)는 차량 통행이 줄어들고 벚나무도 죽어 관광객들도 더 이상 찾지 않는다.

옛 전군가도의 명성만큼은 아니지만 그에 못지않은 또 다른 벚꽃 천변길(전주-익산)이 있으니 잠깐 벚꽃 드라이브를 즐기기에 안성맞춤이다. 전주를 가로지르는 전주천 벚꽃길도 있지만, 팔복동 추천대교에서 시작해 전주천과 만경강을 오른쪽에 두고 추천로-한내로-만경강남로-번영2길까지 달리다 보면 옛 번영로 벚꽃길과 만난다.

삼례교까지는 차량 통행이 많고 주차할 곳이 없어 잠깐 멈추기도 쉽지 않다. 하지만 삼례교를 지나면 차량도 사람도 많지 않아 한적한 벚꽃길을 즐길 수 있다.

익산 입구 유강검문소까지 갔다면 같은 장소도 보는 위치에 따라 느낌이 다르니 같은 길로 돌아와도 좋고, 만경강과 전주천을 두고 반대편 춘포 천변길을 선택하면 다른 시골 풍경을 마주하니 그 또한 나쁘지 않다.

4월 초

📍 전라북도 전주시 덕진구 팔복동2가(추천대교) 🚗 추천대교-추천로-한내로-만경강남로-번영2길 🅿 불가 ☕ cafe 왕궁다원 · 전라북도 익산시 왕궁면 사곡길 21-5 · 063-831-4159

완주 동상면 이름 모를 과수원

멀리서도 설레는 분홍빛 복사꽃

📍 전라북도 완주군 동상면 신월리 동상면사무소 부근 🅿 불가 ☕ cafe 오스갤러리 · 전라북도 완주군 소양면 오도길 24 · 063-244-7116

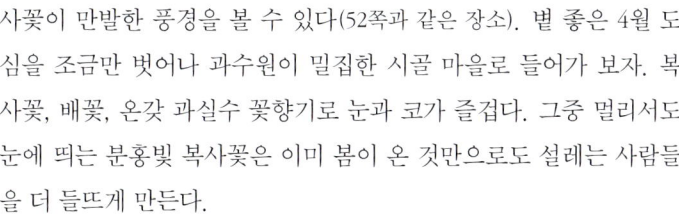

완주군 동상면사무소를 지나 동상로를 따라 전주로 나가는 길에 있는 마을로 파스텔 분홍빛의 복사꽃이 만발한 풍경을 볼 수 있다(52쪽과 같은 장소). 볕 좋은 4월 도심을 조금만 벗어나 과수원이 밀집한 시골 마을로 들어가 보자. 복사꽃, 배꽃, 온갖 과실수 꽃향기로 눈과 코가 즐겁다. 그중 멀리서도 눈에 띄는 분홍빛 복사꽃은 이미 봄이 온 것만으로도 설레는 사람들을 더 들뜨게 만든다.

아직 이른 오후에 이미 해가 져버린 산골 마을, 도로에서 한참 떨어진 과수원의 아직 어린 묘목이지만 그래서 더 예쁜 것도 같다. 이름 모를 과수원에서 작은 분홍빛을 사진에 담느라 시간 가는 줄 모른다. 좋은 순간은 늘 짧다고, 봄꽃이 피는 시기도 너무 짧다. 햇빛 가득 품은 복사꽃을 또 한 번 보고 싶어 일주일 뒤 다시 찾아갔을 때는 그냥 지나쳐버릴 정도로 꽃이 시들어 분홍빛도 사라지고 없었다. 인생도, 사랑도, 꽃놀이도, 역시 타이밍이다.

전주 완산공원

꽃 터널을 이루는
겹벚꽃과 철쭉

전라북도 전주시 완산구 매곡로 35-27(동완산동)
남부시장 천변 주차장 이용 ▨ cafe 나잇나잇 ·
전라북도 전주시 완산구 전주천동로 244 다산빌딩 3
층 · 070-4645-1210

　　　　전주 한옥마을에서 걸어서 20분, 남부
시장에서는 천변만 건너면 바로 완산공원이다. 4월에
전주 한옥마을을 찾는다면 꼭 들러보자.
해마다 4월이면 한두 번씩 꼭 찾는 곳이지만 언제 봐
도 입이 다물어지지 않는다. 겹벚꽃이 공원을 가득 뒤
덮고, 색색이 영산홍과 알록달록 철쭉이 사람보다 큰
키로 터널을 이룬다. 죽단화, 서부해당화, 황매화, 꽃
사과 등 온갖 봄꽃들을 만날 수 있으니 말 그대로 꽃
종합선물 세트라 하겠다.
공원이 조성되기 전에는 사람도 별로 없고 시립도서관
주차장도 여유가 있었다. 하지만 지금은 입구부터 차
량을 통제하니 남부시장 천변 주차장에 차를 세워두고
도서관길로 조금 가파른 언덕을 올라가면 바로 꽃동산
을 만날 수 있다.

숲길 산책을 하고 싶다면 완산초등학교나 곤지중학교에 주차하고 꽃동산으로 이어지는 길을 걸어도 좋다. 사람 반, 꽃 반이라도 충분히 아름다운 풍경이지만 진정한 꽃 풍경을 감상하고 싶다면 평일 낮보다 이른 새벽 산책을 추천한다.

벚꽃과는 또 다른 매력의 송이송이 탐스러운 겹벚꽃, 흔히 볼 수 없는 철쭉 터널이 평생 잊지 못할 선물이 될 것이다.

순천 선암사

봄날, 수목원 같은
산사를 걷다

전라남도 순천시 승주읍 선암사길 450　ⓟ 가능
cafe 순천 인마이오븐 · 전라남도 순천시 왕지2길 4-26 1층 · 010-8009-1059

봄에는 매화, 수양벚꽃, 겹벚꽃이 가득하고, 여름에는 수국과 배롱나무꽃, 가을에는 붉게 물든 단풍나무, 겨울에는 동백꽃 등 사계절 꽃을 선사하는 선암사는 우리나라에서 가장 아름다운 사찰이다. 개인적으로는 사계절 중 봄날의 선암사가 가장 아름답다.

선암사에는 동백, 매화, 철쭉, 산수유, 수국, 겹벚꽃, 불두화, 수양벚꽃, 꽃무릇, 조팝꽃, 배롱나무꽃, 단풍나무 등의 꽃과 나무 80여 종과 화단 22개가 있다. 이 정도면 사찰이라기보다 수목원이나 정원이라고 해야 하지 않을까.

spring

비교적 넓은 주차장에 여유롭게 주차하고 조계산 계곡물과 초록 숲을 따라 1.2킬로미터 비포장 흙길을 오른다. 선암사 산책길이 즐거운 또 다른 이유는 승선교(보물 400호)와 그 아래로 보이는 강선루 때문이기도 하다. 계곡에서 사진을 찍는 사람들이 있다면 분명 승선교와 강선루를 담고 있을 것이다.

승선교와 강선루

둘러보고 나오는 길에 야생차 체험관에서 여유롭게 차 한잔을 기울이고, 돌아가는 길에는 승주초등학교에 잠깐 들르면 선암사에서 보지 못한 등꽃을 만날 수 있다.

흐드러지게 핀 수양벚꽃도, 어느 해 가을 정신 줄 놓게 만든 단풍도 잊을 수 없는 선암사 풍경이다.

완주 동상면

이름 없는 길에도
차를 멈춘다

 전라북도 완주군 동상면 신월리 동상면사무소 부근 🅿 불가 ☕cafe 두베카페·전라북도 완주군 소양면 송광수만로 472-23 · 063-243-5222

　　　　전북체육중·고등학교 건너편 송광수만로부터 시작해 송광사, 위봉사를 지나 대아저수지, 동상저수지를 끼고 동상면사무소를 거쳐 전주로 돌아 나오는 길은 혼자만 알고 싶은 가장 좋아하는 드라이브 코스다. 천천히 드라이브를 하고 싶지만 한가득 핀 꽃마당이며 꽃길이 수도 없이 차를 멈추게 한다.
복사꽃, 철쭉, 등꽃을 만나면서 오다 보면 동상면사무소에서는 본격적인 겹벚꽃이다. 동상면사무소 주차장이나 마을 인근에 차를 세우고 면사무소 뒤쪽으로 가면 농협 마크와 어우러진 아름드리 겹벚꽃 한 그루를 만날 수 있다.
세월의 흔적인지 해가 갈수록 가지와 꽃이 줄어드는 것 같아 몹시 안타깝다. 면사무소 앞쪽으로 장학회 간판이 달린 작은 폐교 건물에는 철쭉과 겹벚꽃, 그리고 초록이 어우러진 모습을 감상할 수 있다.

겹벚꽃을 실컷 눈에 담고 동상로를 따라 나가는 길, 도로 양쪽 작은 마을도 그냥 지나칠 수 없다. 집집마다 마당 가득 피어 있는 꽃들, 뭐 볼 게 있어 이런 시골까지 왔느냐며 정겹게 말을 걸어주시는 마을 어르신들. 구석구석 예쁘지 않은 곳이 없고 기분까지 좋아지는 힐링 로드다.

부안 변산반도 수성당

푸른 바다 노란 물결 유채꽃

전라북도 부안군 변산면 적벽강길 54 ⓟ 유채밭 입구 주차
cafe B카페・전라북도 부안군 변산면 변산해변로 799-45・010-6429-3544 / 슬지제빵소・전라북도 부안군 진서면 청자로 1076・010-3252-0059

　　　　　변산반도를 둘러보려면 고사포해수욕장부터 해안도로를 따라 격포해수욕장 쪽으로 드라이브를 해도 좋고, 성천항에서 격포해수욕장을 거쳐 격포항까지 7킬로미터에 이르는 변산 마실길 3코스를 걸어도 좋다.
조선시대 마을의 공동 신앙소였던 수성당 주변으로 군유지 3만 2천 제곱미터에 꽃밭이 조성되었다. 봄에는 유채꽃, 여름에는 메밀꽃, 가을에는 코스모스가 피어 사계절 각각 다른 매력의 꽃들이 바다와 어우러진 풍경을 감상할 수 있다.
어느 날은 파란 하늘과 푸른 바다가 노랑과 어우러져 한 폭의 수채화가 되고, 또 어느 날은 유채밭 사이 자욱한 물안개로 어디가 바다이고 어디가 육지인지 모를 만큼 몽환적인 분위기로 유혹한다.
유채밭 입구에 주차하고 차에서 내리자마자 유채 향 가득한 노란 꽃밭을 만날 수 있다. 유채꽃 구경이 끝나면 적벽강 몽돌해변에 내려가 맑은 바다에 발도 담가보고 몽돌 굴러가는 소리에 귀도 기울여보자. 예쁜 자갈 소리에 기분이 절로 좋아진다.

변산반도국립공원은 수성당 유채꽃 외에도 들러볼 만한 곳이 많다. 바닷물에 침식되어 퇴적한 절벽이 마치 수만 권의 책을 쌓아놓은 듯한 채석강, '아름다운 숲 전국대회'와 '한국의 아름다운 길 100선'

에 선정된 150년이 넘은 전나무 숲길이 유명한 내소사, 전북학생해양수련원에서 바라본 솔섬 일몰 또한 아름답기로 유명하니 바다와 꽃, 숲과 서해 낙조까지 마음과 눈에 한가득 담아보자.

수성당   채석강   내소사 전나무 숲길   솔섬 일몰

전주 이팝나무 철길

봄에 만나는
눈꽃 터널

5월
초

전라북도 전주시 덕진구 구렛들1길 46 ⓟ 팔복예술공장 주차장 이용 ☕ cafe 팔복예술공장 써니 · 전라북도 전주시 덕진구 구렛들1길 46 · 063-283-9221

    도심을 가로지르는 이팝나무 가득 핀 철길을 전주 사람들은 팔복동 철길이라 부른다. 다른 계절에는 별 주목을 받지 못하다가 유독 4월 말에서 5월 초순이면 전국의 사진사들이 모이는, 지금은 제법 많이 알려진 출사지다. 오래된 공장 지대로 공단 사람들 외에는 발길이 거의 없던 곳이었는데, 얼마 전 팔복예술공장이라는 문화공간이 생겨 철길을 찾는 이들에게 볼거리와 쉴 공간을 마련해 주니 앞으로 이팝나무 철길이 더 유명해질 것 같다.
이팝나무꽃은 한창 절정일 때는 하얀 꽃 터널을 만드는데 시기가 조금 늦었다 해도 아쉬워할 필요 없다. 꽃이 지기 시작하면 작은 바람에도 새하얀 꽃비를 맞을 수 있으니 그 또한 기억에 남을 멋진 풍경이다.
지난봄에는 팔복동 철길 사진으로 SNS가 한동안 시끄러웠다. 시청과 도청에서 올린 하얀 이팝나무 철길 사진을 보고 전국에서 관광객이 몰려들었기 때문이다. 위험하니 들어가지 말라는 안내판도 없는 곳에서 사람들은 비교적 자유롭게 사진을 찍으며 행복해했다.

전봇대 간이 다리가 놓인 철길 옆의 작은 개천

철길과 철길 옆의 작은 공장들

누군가는 그 사진을 보고 철도 안전법 위반이라며 신고를 하기도 했다. 전주시에 알아보니 2018년부터 철길에 들어가면 과태료를 내야 한다고 한다. 하루에 기차가 왕복 4회 지나가는 철길인데, 이팝나무꽃이 피는 기간만이라도 관리자 한두 명  을 배치해 안전하게 꽃구경을 할 수 있도록 배려하면 어떨까.

고창읍 덕산리

붉은 포도송이가 주렁주렁
분홍아까시

📍 전라북도 고창군 고창읍 덕산리 Ⓟ 불가 ☕ cafe 고창 스며들다・전라북도 고창군 고창읍 중앙로 269・063-563-9457

아카시아의 정식 명칭은 아까시나무라고 한다. 그리고 붉은 아까시의 원래 이름은 분홍아까시나무다. 보통 4월에서 5월 말에 꽃이 피는 것으로 알려져 있는데, 날씨와 지역에 따라 조금씩 다르지만 5월 중순이면 꽃이 완전히 지는 듯하다. 모든 봄꽃들이 순식간에 피었다 지듯이 아까시도 하얗고 붉게 피어났다가 향기가 날 듯 싶으면 어느새 폭신폭신 소복하게 쌓인다.

아무 계획 없이 꽃을 찾아 나선 고창 나들이. 멀리서 보면 마치 포도송이처럼 주렁주렁 피어났던 분홍아까시는 잠깐 스쳐 가는 곳이어서 정확한 위치도 기억나지 않는다. 하지만 분홍아까시가 피는 5월에 고창읍을 찾는다면 그 향기를 따라 어렵지 않게 만날 수 있을 것이다.

풍성한 분홍아까시 군락지가 궁금해 인터넷을 검색해 보았지만, 만나기 쉽지 않은 꽃인지 군락지는 없고 신기하다며 올린 몇 그루가 전부다.

아무도 모르게 어디선가 피어 있을 분홍아까시. 돌아오는 봄에는 다시 한 번 붉게 피는 포도송이를 만나러 가야겠다.

대전 대청호

속없이 한껏 흐드러진
작약

> 5월

📍 대전광역시 동구 회남로275번길 227(카페팡시온) Ⓟ 카페팡시온 주차장 이용 ☕ cafe 카페팡시온 · 대전광역시 동구 회남로275번길 227 · 042-273-1717

작약이 피어난 호수 위로 떠오르는 일출을 담고자 이른 새벽부터 많은 사람들이 대청호 작약꽃밭을 찾는다. 카페팡시온에서 심었다 하여 팡시온 작약으로 더 유명하다.

주말이면 카페도 꽃밭도 사람들로 차고 넘친다 하니 아침 일찍 집을 나선다. 9시 30분쯤 도착해 작약이 가장 잘 보이는 호수 쪽 야외 테이블에 자리를 잡는다. 파란 하늘에 구름이 떠 있고, 아침 햇살 머금은 호수가 반짝반짝 빛난다. 대청호와 어우러진 알록달록 작약은 더할 나위 없이 아름답다. 마을 입구의 집들도 예뻐서 남의 집 마당을 기웃거리게 되고, 음식도 맛있어 가벼운 나들이를 하기에 좋다.

카페 주차장은 좁지만 관리 직원이 많아 아침 일찍 도착하면 주차가 가능하다. 하지만 조금만 늦어도 좁은 마을 입구까지 차들이 줄지어 있으니 아침 일찍 또는 점심시간을 지나 도착하는 편이 낫다.

안개 가득한 날은 몽환적인 작약 풍경을 볼 수 있다고 하니 날씨 운도 기대해 보자.

전주 송천동 골목길

화려함으로 물든
소박한 풍경, 장미꽃

5월

📍 전라북도 전주시 덕진구 두간5길　Ⓟ 불가　 cafe espresso822-7
• 전라북도 전주시 덕진구 두간5길 16-14 • 063-277-8227

　　5월은 그야말로 꽃의 여왕 장미의 계절이다. 에버랜드 장미축제, 부천 백만송이 장미축제, 곡성 기차마을 장미축제 등 대규모 장미축제도 많다. 하지만 그 자체로 화려한 장미는 골목골목 담벼락, 주택가 사이사이 작은 공원에 소소하게 피어 있는 모습을 보는 것만으로도 충분하다.
　출퇴근길 아담한 공원에는 붉은 장미가 터널을 이루고, 카페를 찾아가는 길 주택가 골목 담장에는 노랑, 빨강, 분홍의 장미꽃이 한데 어우러져 있다. 담벼락 안팎으로 예쁜 꽃을 가꾸는 집주인의 마음은 또 얼마나 예쁠까.
　전통과 현대가 어우러진 전주의 골목골목을 걸으면 때로는 정겨운 추억에 젖어들고, 때로는 멋스러운 도시 경관에 취한다.

오래된 주택가 소박한 작은 공원과 골목에도 화려한 꽃이 피어난다. 5월 장미 덩굴을 찾아 기분 좋은 골목길 산책에 나서보자.

전주수목원 　 송천동 골목길 　 espresso822-7

함양 상림공원

꽃길 찾아
숲길 산책

 5월 ~ 6월

경상남도 함양군 함양읍 교산리 1047-1 Ⓟ 가능 cafe 케빈커
피로스터스 · 경상남도 함양군 함양읍 상림1길 26 · 055-964-0515

함양 8경 중 하나인 상림공원(상림숲, 천연기념물 제154호)은 우리나라 최초의 인공숲으로 통일신라 때 처음 조성되어 천년의 역사를 가지고 있다. 1.6킬로미터 제방에 활엽수 120여 종 2만여 그루가 있는 상림공원은 여름이면 초록이 우거지고, 가을이면 고운 단풍으로, 겨울이면 눈 쌓인 설경으로 힐링이 되는 치유의 숲이다.
걷기 좋은 오솔길은 하늘이 보이지 않을 만큼 초록 터널을 이루고, 숲길 따라 흐르는 실개천 맑은 물소리가 온몸을 청량하게 적신다.
5월 중순의 상림공원은 양귀비와 수레국화, 작약 등 온갖 종류의 꽃들을 만날 수 있다.
주말에도 주차 걱정을 할 필요 없고, 공원과 꽃밭도 넓어 사람들로 북적거리지 않는다. 숲길을 걷고 양귀비와 수레국화를 보고 돌아가는 길, 수레국화 꽃말처럼 '행복'이 가득 차오른다.

광주 환벽당 / 충효분교

뙤약볕 아래 붉고 푸른 빛깔의 양귀비와 수레국화

  📍 광주광역시 북구 환벽당길 10(환벽당) / 광주광역시 북구 충효샘길 14-30(충효분교) ⓟ 호수생태원 주차장 이용 ☕ cafe 담양 감성공판장 · 전라남도 담양군 월산면 담장로 143 · 061-383-0084

    조선 중기에 세워진 정자 환벽당과 작은 충효분교 옆 다랑이논에 화려하게 핀 양귀비와 수레국화 군락지를 만날 수 있다. 도로에서 보이는 환벽당 앞 군락지에만 사람들이 몰려 있지만, 조선시대 말기의 정자 취가정을 지나 안쪽 마을까지 들어가면 붉은 양귀비와 어우러진 파란 수레국화 외에 아른아른 안개초까지 피어 아름다움을 더한다. 잠깐 쉬면서 땀을 식히기 좋은 곳이지만 별도의 주차장이 없으니 갓길이나 광주호 호수생태원, 가사문학관 주차장을 이용하는 것도 좋다.

환벽당의 양귀비와 수레국화

충효분교의 양귀비와 수레국화

차가 들어가도 되나 싶은 시골길을 지나면 충효분교가 보인다. 장소가 협소하니 호수생태원에 주차하고 산책을 하는 것도 좋다. 환벽당과 달리 분홍빛과 흰색 수레국화가 흐드러지게 피어 더욱 화사하다. 파라솔이 두어 개 설치되어 있으나 시간이 좀 지나니 더위를 식힐 방법이 없다.

충효분교의 양귀비와 수레국화

그늘 없는 뙤약볕이니 아침 일찍 서둘러 꽃구경을 끝내고 길 건너편 광주호 호수생태원 산책길을 걸어보자. 자연관찰원, 자연학습장, 잔디휴식광장, 수변 습지 등 테마별로 단지가 조성된 생태공원이니 아이들을 동반한 가족과 연인들에게도 지루하지 않을 것이다.

광양 사라실라벤더시험재배단지

끝없는 보랏빛 향연을
꿈꾸는 라벤더

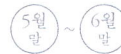 5월 말 ~ 6월 말

📍 전라남도 광양시 광양읍 사곡리 625 🅿 불가
☕ cafe 광양 공이일오 · 전라남도 광양시 항만9로 144 · 010-6564-7988

    몇 년 전만 해도 라벤더 꽃밭은 프랑스 남부 프로방스 마을이나 일본 홋카이도 후라노에 가야만 볼 수 있는 줄 알았다. 강원도 고성 하늬라벤더팜과 경기도 연천 허브빌리지를 시작으로 포천 허브아일랜드, 제주도 허브동산, 광양 사라실라벤더시험재배단지, 경남 거창 허브빌리지뿐만 아니라 신안군 퍼플아일랜드까지 크고 작은 라벤더 정원이 속속 생겨나고 있다.

사라실라벤더시험재배단지, 사라실라벤더치유정원 등 여러 이름으로 불리는 광양 라벤더 농장은 개인 사유지다. 2017년 처음 꽃축제를 시작했고, 2018년 제1회 정식 축제를 시작하면서 2천 원의 입장료를 받고 있다. 주차장이나 편의시설은 많이 부족하지만 아직까지 우리나라에서는 흔히 볼 수 없는 라벤더 꽃밭이니 보랏빛 향연의 감동은 적지 않다.

프로방스나 후라노의 그림 같은 풍경은 시간이 조금 더 흘러야 만날 수 있을 듯하다. 몇 년 후 보랏빛 향기 가득한 라벤더 정원으로 변해 갈 모습을 상상하는 것만으로 기분이 좋아진다.

경주 첨성대

어린 시절의 그리움이
묻어나는 접시꽃

 5월 ~ 6월

📍 경상북도 경주시 인왕동 839-1   🅿 주변 공영주차장 이용   ☕ cafe 야드 · 경상북도 경주시 천군2길 2 · 010-8979-2297

한곳에서 사계절 내내 다른 종류의 꽃놀이를 즐길 수 있는 곳들이 있다. 고창 학원농장, 양주 나리공원, 울산 태화강대공원, 장성 황룡강생태공원, 경주 첨성대는 봄꽃이 지면 여름 꽃이 피어나고 여름 꽃이 시들어갈 때쯤 가을꽃이 피어나는, 그야말로 꽃 천국이다.
그중 경주 첨성대는 벚꽃과 유채, 작약, 양귀비, 모란이 봄을 알리고, 여름이면 수많은 야생화와 접시꽃, 가우라, 송엽국, 연꽃, 도라지꽃이 피어난다. 가을에는 코스모스와 핑크뮬리, 겨울이면 다른 곳에서는 쉽게 만날 수 없는 목화솜이 하얗게 피어나니 사계절 쉴 틈이 없다.
접시꽃은 어린 시절 시골에서 흔히 볼 수 있는 꽃이었다. 그때는 예쁜 줄 몰랐는데, 연분홍, 진분홍 접시꽃과 첨성대가 한 폭의 그림처럼 어우러진 사진을 보면 당장이라도 달려가고 싶은 마음이다.

접시꽃을 보고 돌아오는 길, 어느새 아쉬움과 그리움으로 1년 뒤에는 가장 화려할 때 찾아보자며 또다시 꽃 여행을 그려본다.

flower TOUR

SUMMER
여름

싱그러운 수국과
붉은 백일홍의 계절, 여름 꽃놀이

봄과 여름, 가을의 기준이 모호한 요즘 날씨에는 여름 꽃의 구분도 애매하다. 일주일을 버티지 못하고 시들어버리는 봄꽃과 달리 여름에는 조금 진득하니 꽃놀이를 즐길 수 있다. 에어컨 바람 시원한 실내를 찾게 되는 계절이지만 봄꽃과는 또 다른 매력을 느낄 수 있는 여름 꽃여행을 떠나보자.

울산 태화강대공원

강가를 수놓은
보랏빛 맥문동 물결

 5월 ~ 8월

📍 울산광역시 남구 무거동 1 Ⓟ 가능 ☕ cafe 틴맨 · 울산광역시 중구 신기길 83 · 010-3393-2151

매년 5월이면 태화강대공원은 안개초, 양귀비, 작약, 수레국화, 금계국 등 색색의 봄꽃 대향연이 펼쳐진다. 새하얀 안개초 사이로 듬성듬성 피어난 붉은 양귀비는 사진만으로도 마음이 몽글몽글해진다. 태화강을 수놓은 꽃들 중에 군락지가 많지 않은 여름 꽃 맥문동을 찾아 나선다.

태화강대공원을 산책하려면 구(舊) 삼호교(등록문화재 제104호) 아래 공영주차장이나 태화강 둔치 주차장을 이용하고, 맥문동만 보려면 철새공원 쪽 남산로 와와공원이나 주택가 인근에 주차하는 것이 훨씬 가깝다.

태화강 철새공원의 맥문동은 2016년 처음으로 2천 제곱미터(약 600평)에 4만 본을 식재해 3년 동안 분얼과 이식을 거쳐 군락지가 조성되었다. 소나무숲 산책로가 가장 넓은 군락을 이루고 있지만 멀지 않은 은행나무길 아래로도 아담한 군락이 있으니 같이 둘러보자. 봄꽃 대향연에 이어 여름이면 해바라기와 맥문동이 피어나고, 가을에는 코스모스와 국화 향이 가득하니 태화강대공원도 사계절 좋은 쉼터이자 여행지가 될 것이다.

성주 성밖숲이나 경주 황성공원 맥문동 군락지도 보랏빛에 취할 만큼 풍성하니 들러볼 만하다.

정선 하이원리조트

순백색 천상의 화원
샤스타데이지

6월

📍 강원도 정선군 고한읍 하이원길 424 Ⓟ 가능 ☕ cafe 하이원리조트 운암정 · 강원도 정선군 사북읍 사북리 · 033-590-7631

여름이면 하이원리조트는 그야말로 야생화 천국이다. 평균 해발 1100미터에 슬로워가든(슬로워는 슬로프Slope와 꽃Flower의 합성어로 슬로프에 조성된 꽃밭이라는 뜻이다)이 펼쳐져 하늘 아래 첫 꽃밭을 이룬다. 알프스에서도 쉽게 볼 수 없는 에델바이스를 비롯해 루드베키아, 수염패랭이꽃, 노루오줌, 꿩의다리, 엘레지 등 이름도 생소한 수많은 꽃들이 피어난다. 그중 순백의 샤스타데이지는 눈 쌓인 슬로프보다 몇 배의 감동을 선사하니 좋아하는 사람들에게 꼭 한 번은 보여주자.

마운틴베이스에서 탑승하는 관광 곤돌라를 타고, 마운틴허브와 마운틴탑에 내려 샤스타데이지와 야생화를 실컷 감상한 후 다시 곤돌라를 타고 내려오거나 밸리허브까지 이어지는 하늘길을 걸어도 좋다.

트레킹 시작 지점

◁ 곤돌라에서 내린 후, 마운틴탑에서 바라본 슬로워가든

마운틴탑에서 보이는 풍경 1

트레킹이나 출사가 목적이 아니라면 전동 카트를 타고 야생화 군락지를 감상할 수 있는 '야생화 카트투어'도 좋다. 마운틴잔디광장에서 밸리허브까지 약 7킬로미터 구간을 40~50분 왕복 운행하니 야생화와 샤스타데이지의 감동을 느끼기에 충분하다. 숲 해설사가 동행해 꽃 이름과 유래를 소개해 준다. 다인승 카트 대여도 가능하다.

6~7월에 꽃이 피는 샤스타데이지는 날씨에 따라 해마다 조금씩 다르기는 하지만 사실상 6월 말이면 꽃이 거의 시들어버리니 그 전에 서두르자.

관광 곤돌라 ⓥ 비수기 09:30~16:30, 성수기 08:30~19:30(성수기와 비수기는 해마다 조금씩 달라지니 홈페이지를 참고하자) ⓦ 왕복 대인 1만 5천 원, 소인 1만 2천 원
하이원 야생화 투어 ⓥ 6~10월 초
야생화 카트투어 ⓥ 비수기 09:00~16:00, 성수기 09:00~18:30 ⓦ 대인 1만 5천 원, 소인 1만 2천 원

마운틴탑에서 보이는 풍경 2

마운틴탑에서 보이는 풍경 3

고성 만화방초

비밀의 화원을
화사하게 드러내는 수국

📍 경상남도 고성군 거류면 은황길 82-91 Ⓟ 가능 ☕ cafe 고성 유어예 · 경상남도 고성군 고성읍 월평3길 265 · 070-4120-0431

수국은 피고 질 때까지 색이 계속 바뀌고, 토양에 따라서도 꽃 색깔이 변한다고 한다. 산성 토양에서는 푸른색, 염기성 토양에서는 붉은색으로 피어나는 신기한 꽃이다. 수국 여행으로는 단연 제주도가 최고이겠지만 굳이 비행기를 타지 않고도 즐길 수 있는 수국 세상이 있다.

공룡나라 고성의 만화방초는 2018년 6월부터 시작된 만화방초 수국 축제 때문에 비밀의 화원이라 불리기도 한다. 동고성 IC에서 빠져나와 10분도 채 걸리지 않는 곳에 있으니 고속도로를 지나갈 때 잠시 들러볼 만하다.

만화방초는 이슬을 머금고 자란다는 녹차밭과 철마다 피어나는 꽃들이 어우러져 한 폭의 수채화를 연상시킨다.

summer

개인 사유지였기 때문에 오랫동안 사람들의 발길이 닿지 않아 신비로운 느낌이 가득한 곳이다. 10여 년간 비밀스럽게 가꿔온 화원을 개방하면서 이제는 고성을 여행할 때면 꼭 들러야 하는 관광지가 되었지만, 심신이 힘들 때 조용히 찾아가 위로받고 싶은, 나만 알고 싶은 곳이다.

수국을 찾아가는 숲길에는 이미 꽃이 져버린 초록 가득한 벚나무가 늘어서 있다. '온갖 꽃과 향기로운 풀'이라는 뜻의 만화방초는 봄에는 벚꽃, 여름에는 수국, 가을에는 꽃무릇과 단풍으로 물들고, 겨울에는 동백꽃이 맞이한다. 계절마다 다른 꽃들이 반기니 사계절 모두 아름다운 곳이다.

 어린이 2천 원, 어른 3천 원

부산 태종사

새벽안개 속에서
더욱 은은한 수국

📍 부산광역시 영도구 전망로 119　🅿 가능　☕ cafe **부산 젬스**
톤 • 부산광역시 영도구 대교로6번길 33 • 051-418-1124

해수욕장을 비롯해 볼거리 가득한 부산이지만 6월 말에서 7월 초에 찾는다면 태종사 수국축제에 꼭 들러보자. 아름드리 수국이 만개하면 태종사는 그야말로 수국숲을 이뤄 혼을 쏙 빼놓을 정도의 절경을 선사한다. 이슬비까지 살포시 내려 몽환적인 분위기가 더해진 이른 새벽이면 줄지은 삼각대와 사진사들로 유명세를 실감한다. 아담하고 고즈넉한 사찰이 축제 기간에는 사람들로 북적이니 여유롭게 감상하고 싶다면 주말보다는 평일을 이용하고, 축제 전후에 방문하는 것도 좋다.

태종대 광장에서 출발하는 다누비열차를 이용하면 태종사부터 등대, 전망대까지 걷지 않고 편하게 둘러볼 수 있다. 각 정류장에서 자유롭게 승하차할 수 있으니 끝도 없이 펼쳐진 바다와 천혜의 절경을 차례차례 둘러보는 것도 좋겠다.

걷는 것을 좋아한다면 영도 해안을 따라 120여 종의 수목을 볼 수 있는 4.3킬로미터 순환도로 산책을 추천한다. 곤포 해안, 유람선 선착장까지 걸어 나오는 길에 만나는 푸른 바다는 마음속까지 시원해지고, 해 질 녘 붉은 바다는 지친 마음을 풀어준다.

다누비열차 ⓦ 어른 3천 원, 어린이 1500원

거제도

무심한 듯
화사한 수국

6월 말 ~ 7월 초

📍 경상남도 거제시 남부면 저구리(저구항) / 경상남도 거제시 남부면 거제대로 283(거제유스호스텔) / 경상남도 거제시 남부면 갈곶리(신선대 전망대) / 경상남도 거제시 일운면 망치리 643-1(양화마을 파란 대문집) ℗ 저구항 주차장 이용 ☕ cafe 거제 필이지・경상남도 거제시 일운면 북병산로 496・010-9483-5472

수국이 피는 계절이면 거제도는 목적지가 필요 없을 만큼 온통 수국 천지다. 바다를 끼고 꼬불꼬불 이어진 2차선 도로 양쪽으로 끝도 없이 늘어선 수국에 자꾸만 차를 멈춘다.
거제유스호스텔 근처나 신선대 전망대 가는 길, 양화마을 파란 대문집은 이미 유명한 수국 스팟이다. 해안도로를 타고 가다 보면 쉽게 만날 수 있지만 도로변으로 주차장이 따로 없으니 안전에 주의하자.
조금 여유롭게 수국을 즐기고 싶다면 새롭게 떠오른 저구항 수국축제를 찾아보자. 주차장이 별도로 있으니 그나마 편하게 둘러볼 수 있다. 수국 폭포가 쏟아지는 풍경은 비가 오면 더욱 좋다.

양화마을 파란 대문집 ▷

저구마을 안내도

외도 보타니아와 공곶이, 둔덕면 시크릿가든으로 불리는 산방산 비원에서도 수국을 만날 수 있다. 산방산비원(경남 거제시)은 입장료 8천 원으로 2시간 정도 산책하면서 수국과 어우러진 다양한 꽃들을 만날 수 있다. 거제에서 새로운 여행지를 찾는 사람이라면 한 번쯤 들러봐도 좋다. 몽돌해수욕장도 꼭 놓치지 말자. 사르르사르르 파도에 몽돌이 구르는 소리에 취하고 바다와 어우러진 수국에 취한다.

| 통 영 연 화 도

연꽃 섬을 온통 파랗게
물들이는 수국

6월 말 ~ 7월 초

📍 경상남도 통영시 욕지면 연화리 연화도   Ⓟ 통영여객터미널 이용
☕ cafe 커피향속에 · 경상남도 통영시 욕지면 연화리

　　　　통영에서 1시간 정도 배를 타고 들어가면 만날 수 있는 연화도는 드라마 〈연애의 발견〉 촬영지로 유명하다. 섬 모양이 활짝 핀 연꽃을 닮았다 하여 연화도라 불린다. 연화도는 인구가 170여 명에 불과하니 사람보다 수국이 더 많은 셈이다.
연화도로 가는 배편은 통영여객터미널에서 6시 30분부터 하루 5회 운행한다. 현장 발권도 가능하지만 기다리지 않으려면 예매를 하는 것이 좋다. 통영여객터미널 공영주차장은 조금만 늦어도 자칫 주차하다 예약한 배를 놓칠 수 있으니 여유 있게 움직여야 한다.
6시 30분 첫배는 해무로 지연 또는 결항되는 경우도 종종 있고, 11시에 출발해서 12시에 도착하면 한낮 꽃놀이가 땡볕 트레킹이 되어버린다. 당일치기 여행이라면 9시 30분에 출발할 것을 추천한다. 배에서 내리면 고무 양동이 기둥에 정겨운 코스 안내도가 있으니 참고하자. 4~5시간 9킬로미터 A코스, 3.5시간 8킬로미터 B코스가 있다. 수국을 보려면 연화사에서 보덕암까지 산책로를 걷는 것이 좋고, 출렁다리까지 걸어가면 하늘색 바다와 하늘색 수국, 파란 하늘까지 온통 파랗게 물든 연화도를 만날 수 있다.

summer

출렁다리에서 바라본 바다

연화사에서 나와 출렁다리와 보덕암으로 가는 길

전주 덕진공원 / 완주 송광사

한여름의
화려한 연꽃 산책

(7월) ~ (8월)

전라북도 전주시 덕진구 덕진동1가 1314-4(덕진공원) / 전라북도 완주군 소양면 송광수만로 255-16(송광사) ⓟ 가능 cafe 해달별 · 전라북도 전주시 덕진구 거북바우로 22 · 063-902-2216

시원한 그늘 산책로가 시민들의 쉼터이자 놀이터가 되는 도심 속 덕진공원! 4만여 제곱미터의 호수를 연분홍빛으로 물들이는 연꽃은 전주 시민은 물론 전국에서 사람들을 불러들일 만큼 유명하다. 전주 한옥마을을 찾는 관광객들에게는 전주동물원과 함께 빼놓을 수 없는 여행 코스다.

덕진호를 가로지르는 연화교와 연지교를 천천히 걸으며 만나는 분홍 연꽃은 기분 좋은 산책

길을 만들어준다. 연꽃이 시들해질 무렵이면 배롱나무꽃이 분홍빛으로 물들이니 한여름에 이처럼 화사한 산책이 없다.

완주 송광사는 봄이면 벚꽃길로 유명하고, 가을이면 단풍으로 사람들의 발길을 끌어들이며, 여름에는 연꽃이 만개한다. 전주에서 20여 분이면 도착하니 꼭 한번 들러보자.

작은 연못에 활짝 핀 연꽃을 즐기고 송광사 산책까지 끝나고도 시간 여유가 있다면 위봉사까지 드라이브를 해보자. 오가는 길에 차 한잔 곁들일 예쁜 카페도 많다. 산속에 아늑하게 자리 잡은 두베카페, 앞쪽으로 저수지를 끼고 있는 오스갤러리는 주말이면 사람들로 북적거리기는 하지만 풍경만으로도 힐링이 된다.

경주 황룡사지

천년 절터를
뒤덮은 백일홍 물결

 6월~8월

경상북도 경주시 구황동 320-2　ⓟ 분황사 주차장 이용　cafe
훌림목 · 경상북도 경주시 포석로 1061-9 · 010-3333-6301

'2019~2020 한국인이 꼭 가봐야 할 관광지 100선'에 불국사, 석굴암, 동궁과 월지, 첨성대, 대릉원, 천마총, 황리단길 등 7곳이 선정된 아담한 천년 고도 경주. 1년 내내 외국인 관광객은 물론 수학여행을 온 학생들과 여행객들로 넘쳐난다. 벚꽃이 화사한 보문단지의 봄은 얼마나 환상적인지, 불국사 겹벚꽃은 또 얼마나 마음 설레는지, 첨성대와 어우러진 야생화는 또 얼마나 화려한지.

황룡사지 역시 많은 사람들이 찾는 경주의 대표 관광지다. 2018년 봄에 새롭게 조성된 4만 1천 제곱미터의 백일홍 꽃밭은 또 다른 볼거리를 제공하며 새로운 명소로 떠올랐다.

분황사 주차장에 주차하고 몇 걸음 걷지 않아 바로 만날 수 있는 백일홍 꽃밭은 6월 말부터 알록달록 꽃을 피우기 시작한다. 초여름부터 서리가 내릴 때까지 100일 동안 꽃을 피운다 하여 백일홍이라 불린다. 6월에 경주를 찾으면 황룡사지 백일홍부터 첨성대 야생화 단지까지 수십 종류의 꽃을 만날 수 있다.

인제 속삭이는 자작나무숲

요정을 만날 듯한
신비로움

 7월 ~ 8월

📍 강원도 인제군 인제읍 원남로 760 Ⓟ 가능 ☕ cafe **자작나무숲의 투데이** · 강원도 인제군 인제읍 자작나무숲길 770 · 070-8849-1004

자작나무는 불에 태우면 '자작자작' 소리가 난다고 해서 붙여진 이름이다. 산림청 인제국유림관리소가 관리하고 있는 자작나무숲은 원래 소나무숲이었으나, 솔잎혹파리의 피해로 인해 벌채한 후 1989년부터 1996년까지 5년에 걸쳐 약 70만 그루의 자작나무를 심어 조성했다. 6헥타르(약 1만 8천 평)의 자작나무숲을 2012년부터 일반인에게 개방해 힐링 공간을 제공하고 있다.

주차장에서 숲까지는 윗임도와 아랫임도 두 길이 있다. 윗임도인 원정임도는 3.2킬로미터 가파른 오르막을 보통 50분에서 1시간 10분 정도 올라야 자작나무숲을 만날 수 있다.

아랫임도인 원대임도는 임도 2.7킬로미터와 탐험 코스인 숲길 1.2킬로미터를 1시간 30분 정도 걸어가는데 원정임도보다 시간은 더 걸리지만 완만하고 아기자기한 코스로 지루하지 않은 산책길이다. 산책길이 끝나는 곳에서 초록색과 하얀색이 어우러져 숨이 멎을 듯 신비로운 자작나무숲을 만날 수 있다. 눈이 내리면 순백의 세상을 만드는 겨울에도 색다른 신비로움을 느낄 수 있다. 속초가 가까우니 동해 바다와 함께 자작나무숲 산책을 즐겨보자.

2월 1일~5월 15일, 11월 1일~12월 15일 이 기간은 산불 위험이 있어 입산을 통제한다.

지리산 허브밸리

소소한 힐링을
가득 선사하는 허브

 7월 ~ 8월

전라북도 남원시 운봉읍 용산리 ⓟ 가능 cafe 남원 푸른옷소매 미술관 · 전라북도 남원시 산동면 만행산길 124 · 010-9246-7626

    지리산 바래봉 자락의 허브밸리는 매년 1~2월에는 눈꽃축제, 4~5월에는 철쭉축제가 열린다. 계곡으로, 초록으로, 단풍으로 쉼 없이 볼거리를 선사하는 지리산국립공원은 2005년 지리산 웰빙허브산업특구로 지정되어 현재는 22만 평에 세계 최대의 허브 단지가 조성되어 있다.

1450여 종의 허브가 자생하는 지리산 허브밸리는 유료 공간과 무료 공간으로 나뉜다. 수많은 꽃들이 어우러져 화사하고 이국적인 허브체험농원은 무료 공간이고, 허브사이언스센터와 자생식물환경공원은 입장료 6천 원으로 이용할 수 있다. 허브체험농원은 백일홍, 천일홍, 맨드라미 등 익숙한 꽃들과 어우러진 갖가지 허브 향에 둘러싸여 소소한 힐링을 하기에 충분하다. 허브사이언스센터는 다양한 볼거리와 체험 공간까지 준비되어 있으니 한여름 해발 600미터 허브정원에서 야생화 감상과 허브 향에 푹 빠져보자.

자생식물환경공원은 라벤더 동산인 동화마을, 로즈마리 향을 맡으며 소풍을 즐기고 전통놀이 체험을 할 수 있는 놀이마을, 자생식물이 가득한 사랑마을로 조성되어 더욱 다양한 식물들을 만날 수 있다.

| 부여 궁남지

빛의 향연과
어우러진 연꽃

 7월 ~ 8월

충청남도 부여군 부여읍 궁남로 52 · Ⓟ 가능 · cafe 부여 합송리 994 · 충청남도 부여군 규암면 합송리 994 · 041-833-6671

백제 무왕인 서동 왕자와 신라 선화 공주의 사랑 이야기로 더 유명한 우리나라 최초의 인공정원 궁남지는 연꽃축제로 유명하다. 연꽃뿐 아니라 다양한 공연과 체험 프로그램, 야간에는 색색의 연꽃등과 LED 조명으로 빛의 향연까지 펼쳐지니 단순한 꽃놀이가 아닌 축제를 즐기고 싶은 사람들에게 더할 나위 없다. 축제 기간이 아니면 주차장을 이용할 수 있지만 축제 기간에는 차량을 통제하니 임시주차장에 차를 세우고 셔틀버스를 이용하자.

연꽃은 이른 아침에 폈다가 햇빛이 강해지는 한낮부터는 차츰 오므라드니 활짝 핀 연꽃을 보려면 이른 아침 한적하게 산책하거나 야간 불빛과 함께하는 색다른 연꽃 감상도 좋다. 국내 연꽃축제 중 최대 규모인 만큼 아침부터 저녁까지 사람들로 북적대니 연꽃만 보고 싶다면 비 내리는 날 운치 있게 산책하거나 축제 기간을 피하는 것도 방법이다.

가족과 연인이 즐길 수 있는 패밀리 존은 물고기 체험장, 곤충 체험장, 백제 역사와 다양한 볼거리를 즐길 수 있는 세계유산 홍보체험관, 그리고 서동선화 이벤트 게임 등 다양한 프로그램이 준비되어 있다. 한여름 밤 서동 왕자와 선화 공주처럼 연꽃 속에서 사랑을 속삭여보는 것은 어떨까?

함안 강주해바라기마을

발길을 붙드는
노란 물결

 7월~8월

경상남도 함안군 법수면 강주4길 37　축제 기간만 가능(행사 주차장)・cafe 그루브맨커피・경상남도 창원시 성산구 마디미서로 26・010-4100-6553

2013년부터 해마다 열리는 함안 강주마을 해바라기축제는 마을 주민들이 힘을 합쳐 조성한 꽃밭에서 주민들이 직접 진행하는 축제로 끝없이 펼쳐진 해바라기가 장관을 이룬 모습을 볼 수 있다. 주차를 하고 축제장 입구까지 걸어서 이동하는데, 1주차장이 가장 가까우니 참고하자.

해바라기는 강주마을 일원 4만 8천 제곱미터에 1, 2, 3단지로 조성되어 있는데, 가장 규모가 크고 풍성한 곳이 2만 제곱미터에 이르는 1단지다.
벽화가 그려진 담벼락을 지나 걸으면 온통 노랑노랑한 해바라기밭을 만날 수 있다. 날은 덥고 습한 데다 사람도 많지만 발길을 붙잡고 또 붙잡아 한참을 머물게 하는 해바라기.
멀리 함안까지 와서 해바라기만 보고 가기 아쉽다면 차로 20분이 채 걸리지 않는 함안연꽃테마파크도 들러보자. 10만 9800제곱미터의 유수지를 활용해 조성한 생태공원에서는 7~8월 여름 내내 연꽃이 피고 진다 하니 노란 해바라기 물결을 구경한 다음 핑크빛 연꽃의 자태에 빠져보자.

진안 진안농업기술센터

청정 고원을 노랗게 메운 해바라기

📍 전라북도 진안군 진안읍 진무로 702-30(진안농업기술센터) / 전라북도 진안군 상전면 금지2길 4-3(배넘실마을)
ⓟ 행사 주차장 이용 cafe 카페77-1(라페트) · 전라북도 진안군 진안읍 중앙로 77-1 · 070-4118-3181

마이산을 배경으로 찍은 해바라기 사진 한 장을 보고 주소도 위치도 모른 채 찾아 나선 곳은 진안농업기술센터였다. 이곳에서 키 작은 해바라기로 가득한 풍경을 만났다. 태백 구와우마을이나 함안 강주해바라기마을에 비하면 꽤 작았지만 여름 꽃놀이를 즐기기에는 충분하다.

진안농업기술센터에서 진안 읍내를 거쳐 진무로를 따라 20여 분 달리다 보면 오른쪽으로 용담댐과 어우러진 진안의 또 다른 해바라기밭 배넘실마을을 만날 수 있다. 용담호를 끼고 있는 배넘실마을은 주민들이 직접 심고 가꿔 축제를 여는 곳이다. 봄에는 유채꽃, 여름에는 해바라기가 지천에 피어나니 꽃구경을 하고 초록초

용담호를 끼고 있는 배넘실마을

록한 용담호에서 여름 드라이브도 즐겨보자. 단풍이 붉게 물들고 물안개 피어오르는 가을 드라이브도 절대 빼놓을 수 없는 필수 코스!
진안 가는 길이나 나오는 길에 한 번은 고속도로 대신 오래전 옛길 모래재로를 이용하면 수많은 드라마와 광고에 등장했던 메타세쿼이아길을 만날 수 있다. 여름에는 초록으로, 가을에는 붉게 물든 가로수로, 겨울에는 눈 쌓인 풍경으로 계절마다 색다른 메타세쿼이아의 절경을 감상해 보자.

전주 전동성당 / 경기전

해마다 기다려지는
진분홍빛 여름

배롱나무꽃이 피는 8월이면 전주 한옥마을은 온통 분홍빛이다. 전동성당, 경기전, 전주향교, 오목대에서 여름내 피고 지기를 반복하며 볼거리를 선사한다. 경기전 돌담길과 어우러진 전동성당, 전동성당과 어우러진 배롱나무꽃, 배롱나무꽃과 어우러진 돌담 기와. 날씨는 덥지만 꽃으로, 풍경으로 충분한 보상이 되니 땀 흘린 보람이 있다.

태조 이성계의 어진을 봉안한 조선시대 전각 경기전은 배롱나무꽃뿐 아니라 보기만 해도 시원한 작은 대나무숲도 운치 있다. 수많은 영화와 드라마에 등장한 경기전의 관람 시간은 9시부터다(입장료 3천 원). 아침 일찍 서둘러 전동성당 배롱나무꽃을 먼저 보고, 돌담길을 걸으며 소담한 풍경을 눈에 담다 보면 경기전 관람 시간을 맞출 수 있다.

타는 듯한 무더위에 꽃놀이보다 물놀이가 시원하고 뙤약볕 산책보다 시원한 카페가 더 편하겠지만, 배롱나무꽃과 어우러진 전동성당과 경기전의 풍경을 한 번 본 사람이라면 해마다 8월이 기다려질 것이다.

전주시 완산구 풍남동3가(경기전) / 전주시 완산구 태조로 51(전동성당) 전주 한옥마을 주차장 이용 cafe 달이야기 • 전라북도 전주시 완산구 최명희길 20 다로 • 063-288-8886

군산 옥구향교

정갈하고 소소한
배롱나무꽃 풍경

 7월 ~ 9월

📍 전라북도 군산시 옥구읍 광월길 33-50 Ⓟ 가능 ☕ cafe 군산 리즈리 · 전라북도 군산시 대야면 서만자2길 6 · 063-453-6661

많이 알려지지 않아 인적이 드문 옥구향교. 바깥 입구인 외삼문으로 들어서니 양쪽에 화려하게 자리 잡은 배롱나무꽃이 오후 햇빛에 유리알처럼 반짝인다. 대성전 배롱나무까지 천천히 둘러보고 향교 오른쪽에 위치한 누각 자천대에 올라 향교를 내려다보자. 분홍빛 배롱나무꽃 뒤로 푸른 대나무숲의 정갈하고 소소한 풍경에 마음이 차분해질 것이다.

군산 여행이 처음이라면 볼거리 먹거리도 빼놓지 말자. 비응항 일몰부터 최근 다리로 연결된 선유도, 〈8월의 크리스마스〉 촬영지로 유명한 초원사진관, 국가등록문화재인 히로쓰 가옥(신흥동 일본식 가옥)의 정원과 목조주택, 또 우리나라에 남아 있는 유일한 일본식 사찰인 동국사까지 바삐 움직여도 하루 만에 돌아보기에는 빠듯하니 꼼꼼하게 군산 여행을 계획해 보자.

대구 신숭겸장군유적지, 달성 하목정, 경주 종오정, 산청 덕천서원도 배롱나무꽃이 절경을 이루는 곳이니 참고하자.

서산 개심사 / 문수사

아침 햇살 가득 머금은
분홍빛 배롱나무꽃

 7월 ~ 9월

📍 충청남도 서산시 운산면 개심사로 321-86(개심사) / 충청남도 서산시 운산면 문수골길 201(문수사) Ⓟ 가능 cafe 기록・충청남도 서산시 한마음13로 25・010-9338-6687

　　　봄날의 개심사는 푸른빛 도는 청벚꽃과 꽃잎이 풍성한 겹벚꽃으로 이미 많이 알려져 있다. 하지만 한여름 인적 드문 산사에 배롱나무꽃이 화려하게 피어난다는 사실은 모르는 사람이 더 많은 듯하다. 해마다 봄이면 겹벚꽃 구경에 북새통을 이루는 개심사는 막 카메라를 들기 시작했을 무렵 한 번 다녀온 이후 짧은 봄꽃 시기를 맞추지 못하고 남들이 찍은 사진을 보며 아쉬움을 달래곤 했다.

하지만 여름날에는 배롱나무꽃 사진을 찍기 위해 찾은 몇몇 사람들 외에는 관광객도 없다. 아침 햇살이 눈부시게 비치는 한적한 산사를 흐드러지게 핀 배롱나무꽃이 화사하게 장식한다. 여름날의 개심사는 배롱나무꽃이 있어서 더욱 예쁘다.

산사 입구에 위치한 작은 인공 연못 위로 배롱나무 꽃잎이 한가득 떨어져 있다. 잔잔한 아침이면 반영 사진을 찍기에도 좋다. 대웅전 앞마당에 들어서니 꽃은 가득한데 사람은 없어 우리만의 배롱나무꽃을 즐길 수 있다.

개심사 대웅전 가는 길 ▷

봄날 겹벚꽃이 필 때나 여름날 배롱나무꽃이 필 때도 꼭 들러야 할 곳이 있으니 바로 개심사와 가까운 문수사다. 문수사 극락보전 앞마당에 푸른 숲을 배경으로 화사하게 자리 잡은 한 그루 배롱나무꽃도 꼭 놓치지 말자.

문수사의 배롱나무꽃

문수사의 배롱나무꽃

| 고 창

오며 가며 만나는
배롱나무꽃

꼬불꼬불 좁은 길을 따라 꽃 구경을 하다 우연히 만난 배롱나무꽃. 비가 오면 화사한 빛깔이 촉촉이 젖은 느낌이 좋고, 또 해가 나면 투명하게 반짝이는 모습도 좋다. 학원농장은 자유롭게 출입이 가능하지만, 배롱나무꽃이 핀 이곳은 개인 사유지로 진입 금지 푯말이 선명하니 반드시 주인의 허락을 받고 조용히 둘러보자.

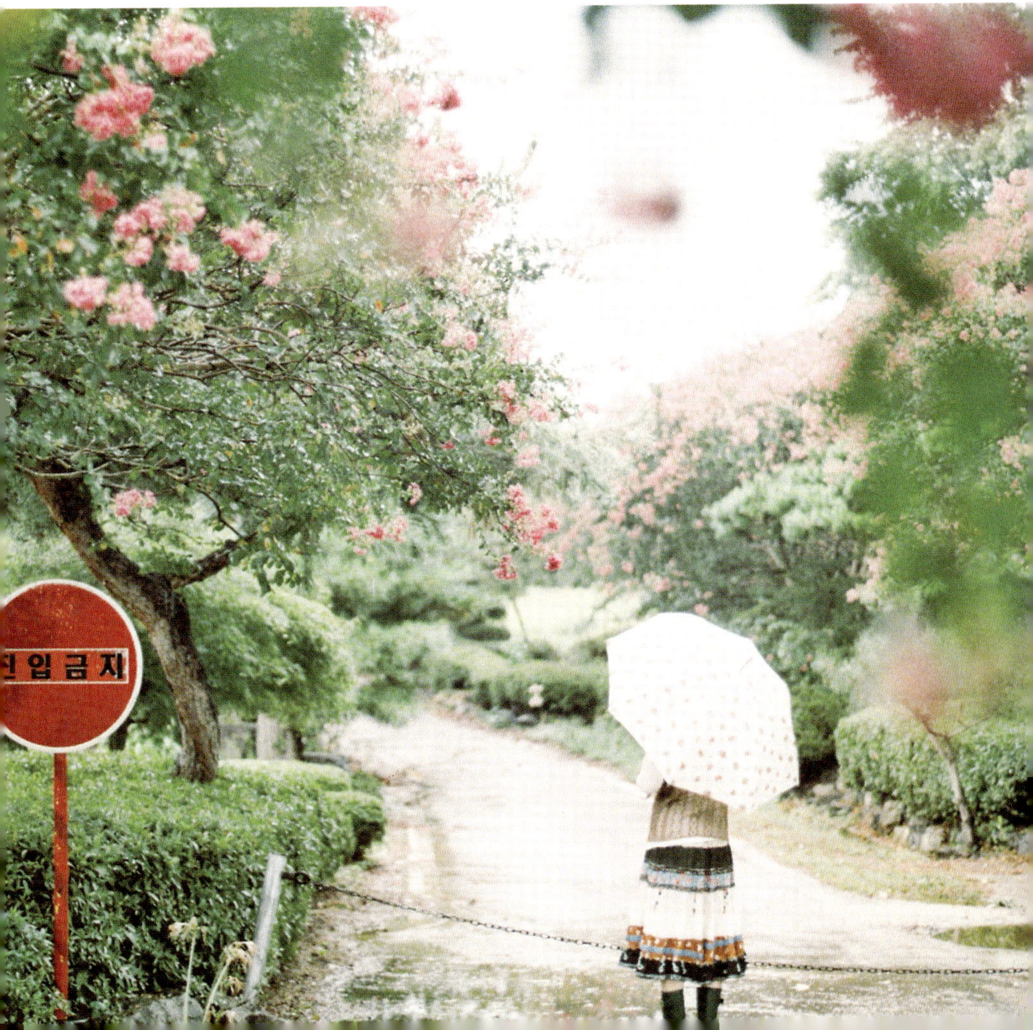

전라북도 고창군 공음면 학원농장길 158-6(학원농장) / 전라북도 고창군 아산면 가능 cafe 카페 동호씨 · 전라북도 고창군 해리면 구동호1길 17-15 · 063-563-7892

전북 고창군 아산면, 정확한 주소는 알 수 없지만 학원농장 가는 길, 차량이 거의 없는 한적한 시골 마을 대로변의 정겨운 빈집 앞에 배롱나무 한 그루가 눈길을 끈다. 누가 먼저랄 것도 없고 차를 세우라고 말하지 않아도 자연스럽게 멈추는 곳. 비 내리는 회색 하늘 아래서도 분홍빛 자태가 곱다.

summer

또 다른 여행길에 우연히 만난 아산면 배롱나무 묘목 농장은 가뭄에 여름내 피어나지 못하던 배롱나무꽃들이 늦여름 며칠 동안 쏟아진 단비에 주렁주렁 빈틈없이 꽃을 피워냈다. 진한 분홍빛은 어쩜 이리도 고운지. 농장이라 언제 팔려 나갈지 모르는 묘목들이지만 지난여름에 본 배롱나무꽃 중 최고는 우연히 만난 이곳이 아닐까 싶다.

배롱나무	**의령 산남리**
핫 스폿	시골길을 화려하게 장식하는 배롱나무 꽃길

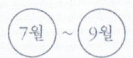 경상남도 의령군 칠곡면 산남리 가능 cafe **파인그로브** • 경상남도 의령군 칠곡면 진의로8길 24-4 • 055-572-0867

　　　　　여름의 시작과 끝을 알리는 배롱나무꽃은 여름 내내 백 일 동안 붉게 피어난다 하여 백일홍이라고 불린다. 흰색부터 연분홍, 진분홍, 보라색까지 쉼 없이 꽃망울을 터트리며 피고 지기를 반복하는 배롱나무꽃은 추위에 약해 대전 이남에서 잘 자란다고 알려져 있다. 하지만 평균기온이 올라간 요즘은 중부 지방에서도 종종 볼 수 있다.
남쪽의 여름은 가로수며 공원까지 온통 배롱나무꽃으로 환하다. 색도 고운 화려한 꽃이 오래도 피어 있으니 가로수와 정원수로 이만한 것이 없다.
관광지도 마을도 아닌 시골 도로여서 정신 바짝 차리지 않으면 그냥 지나치고 마는 곳에 나뭇가지 끝마다 요술봉처럼 곱게도 피어난 꽃이 발길을 붙잡는다. 가까이 가 보면 경사가 너무 심해 사진을 찍기에는 조금 위험하지만 산남 저수지가 한눈에 들어오는 배경으로 핀 붉은 꽃은 갑작스러운 선물 같은 풍경이다.

배롱나무
핫 스폿

담양 명옥헌

연못을 둘러싼 배롱나무 꽃숲

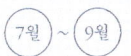 전라남도 담양군 고서면 후산길 103 ⓟ 가능 cafe 서플라이 • 전라남도 담양군 담양읍 객사2길 14 • 010-9478-5666

　　　　　　정자 옆 계곡에 물이 흐르면 옥구슬 부딪치는 소리가 난다 하여 명옥헌이라 불리는 이곳은 평소에는 찾는 사람이 거의 없을 정도로 적막하다. 그런 명옥헌이 전국에서 온 사람들로 붐비는 때가 있으니 바로 배롱나무꽃이 필 때다. 조금 멀게 느껴질 수도 있는 명옥헌 공영주차장에 차를 세워두고 좁은 마을길을 따라 정겨운 벽화 골목과 작은 카페를 지나다 보면 아담한 연못을 둘러싼 배롱나무숲이 보인다. 백 년이 넘은 배롱나무 20여 그루가 백 일 동안 피고 지는 이곳은 작은 정자와 연못, 배롱나무와 소나무, 그리고 작은 계곡이 전부이지만 8월이면 꼭 한 번은 가봐야 할 배롱나무꽃 명소다.
연못을 따라 걸으며 꽃구경을 하다 옷이 땀으로 흠뻑 젖을 때쯤 정자에 잠시 올라 땀도 식히고 연못과 어우러진 배롱나무꽃을 감상하면 좋다.
주말이면 사람들이 너무 많고 한낮에는 너무 더우니 아침 일찍 길을 나서 초록 가득한 메타세쿼이아길부터 대나무 정원인 죽녹원, 한국 최고의 정원인 소쇄원, 아름다운 숲 관방제림(천연기념물 제366호) 등 담양의 또 다른 명소도 함께 둘러보자.

전주 한옥마을

타박타박 걷는 길에 만나는 능소화

📍 전주시 완산구 경기전길(한옥마을) ⓟ 가능 ☕ cafe 꽃가마 · 전라북도 전주시 완산구 경기전길 167 · 063-285-6375

능소화는 양반집 정원에만 심을 수 있었고 양반들만 키우는 꽃이라 하여 양반꽃이라 불렸다. 장원급제한 사람의 화관에 장식하는 어사화로 쓰이기도 했다.

7~9월에 꽃을 피우는 것으로 알려져 있으나 기온이 올라간 요즘 날씨에는 6월이면 골목골목 담장마다 곱게도 피어난다. 부천 중앙공원 능소화 터널, 서울 뚝섬유원지 능소화 폭포, 대구 중구 골목길 건물을 가득 덮은 능소화 덩굴도 유명하지만 전주 한옥마을의 능소화는 기와 담장 위에서 한옥과 어우러진 모습이 소박하면서도 정겹다.

한여름 전주를 여행한다면 타박타박 한옥마을을 한 바퀴 걸어보자. 교통아트스튜디오, 최명희문학관, 여명카메라박물관, 카페 꽃가마 등 곳곳에서 다양한 풍경과 어우러진 능소화를 만날 수 있다.

예로부터 능소화에 독성이 있고 꽃가루가 눈에 들어가면 실명할 위험이 있다는 이야기도 있었다. 하지만 국립수목원의 정보에 따르면 독성이 없어 약용으로 섭취해도 안전하고, 꽃가루도 바람에 날리기 어려워 망막을 손상시킬 수 없다고 하니 올여름 두 눈 가득 마음껏 능소화를 담아보자.

flower TOUR

AUTUMN
가을

파도와 섬이 익어간다
가을 꽃놀이

화사한 꽃으로 한 번의 꽃놀이를 즐겼다면 가을은 알록달록 단풍으로 두 번째 꽃이 피는 계절이다. 눈부신 화려함이 결코 꽃에 뒤지지 않는 단풍, 봄과 여름의 꽃에 비해 소소하고 소박하게 피어나는 가을꽃은 일렁이는 마음을 잔잔하게 가라앉히는 치유의 힘이 있다. 가을꽃으로 따뜻한 위로를 받아보자.

태안해안국립공원

바다 전망 수목원
나문재카페

 ~ 10월

📍 충청남도 태안군 안면읍 통샘길 87-340 🅿 가능
☕ cafe 나문재카페 · 충청남도 태안군 안면읍 통샘길 87-340

태안해안국립공원 내에는 꽃지를 비롯한 수많은 해수욕장과 항구, 태안 8경(백화산, 안흥성, 안면송림, 만리포, 신두사구, 가의도, 몽산해변, 할미·할아비 바위) 외에도 천리포, 안면도수목원 등 볼거리가 무궁무진하다. 바다를 거닐며 자연 경관을 감상하고 싶다면 해변길, 숲과 바다를 같이 보고 싶다면 솔향기길, 트레킹을 좋아한다면 태안해안탐방로를 추천한다.
펜션을 함께 운영하는 나문재카페는 안면도 황도 내의 작은 쇠섬에 있어 섬 속의 작은 섬이다. 나문재는 갯벌에서 자라는 한해살이 풀을 뜻하는 말이다. 이곳은 철쭉이 군락을 이루고 철마다 온갖 종류의 꽃이 피어나는데, 9월 초에는 백일홍과 가우라 외에도 이름 모를 꽃들이 화려하게 피어 멋진 바다 전망을 가진 수목원이라 해도 손색없다.

바늘꽃이라고 부르는 가우라가 카페 앞 정원에 가득 피어 있는데, 나비가 모여 춤추는 모습을 닮았다 해서 홍접초 또는 백접초라고도 한다. 철쭉꽃이 필 때 다시 오자며 돌아오는 봄을 기대해 본다. 청산수목원(180쪽)이 가까우니 한꺼번에 둘러봐도 좋다.

구례 마광삼거리

가을 들판에 하늘거리는 황화코스모스

📍 전라남도 구례군 마산면 황전리(마광삼거리) ⓟ 불가
☕ cafe **구례 무우루** · 전라남도 구례군 문척면 죽연길 6 · 061-782-7179

지리산 자락에 위치한 구례는 화엄사를 비롯한 천은사, 문수사, 연곡사, 사성암 등 크고 작은 사찰에서 계절마다 파릇파릇한 숲과 울긋불긋한 단풍, 눈 쌓인 설경을 만날 수 있다. 산길을 걷지 않고 노고단과 성삼재 드라이브만으로도 지리산의 깊은 푸르름을 느낄 수 있고, 맑은 계곡까지 끼고 있어 여름 여행지로 이만한 데가 없다.

순천완주고속도로에서 구례화엄사 IC로 빠져나가 산업로-매천로-화엄사로를 달리다 보면 화엄사와 천은사로 갈라지는 마광삼거리에 딱히 이름도 없는, 지난여름 처음 선보인 1만 3천 제곱미터의 황화코스모스 꽃밭이 보인다. 좁은 2차선 도로지만 차량 통행이 많지 않아 지리산을 오가는 여행객들은 갓길에 주차하고 뜻밖에 만난 코스모스를 즐긴다.

아직 많이 알려지지 않아 찾는 사람이 적으니 여유 있게 꽃놀이를 할 수 있다. 구례를 둘러싼 산과 파란 하늘, 노란 황화코스모스 앞으로 라벤더를 닮은 보라색 부처꽃까지 더해 완벽한 그림을 만들어낸다. 구례군과 화엄사, 마산면 지역발전협의회가 같이 만들고 주민들이 손수 가꿨다는 황화코스모스 꽃밭은 서울 올림픽공원, 남양주 물의정원, 장성 황룡강생태공원의 규모를 따라갈 수는 없지만, 구례를 여행하거나 지나가는 길에 한 번쯤 들러 노랑 들판에서 잠시 쉬어 가는 것도 좋겠다.

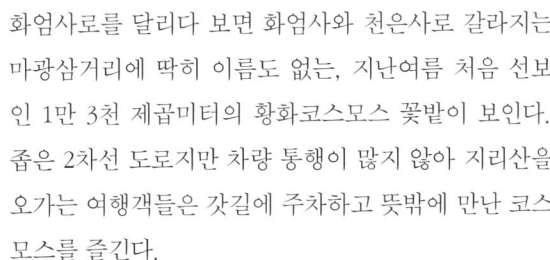

양주 나리공원

천만 송이 진분홍빛
천일홍 바다

 7월 ~ 10월

📍 경기도 양주시 광사로 131-66　🅿 가능　☕ cafe 카페노움 • 경기도 양주시 백석읍 기산로 423-1 • 031-871-1510　옥정달빛 • 경기도 양주시 옥정동로3길 50 • 010-8899-6676

천 일 동안 붉은 빛깔이 퇴색하지 않는다 하여 붙여진 이름 천일홍. 연분홍색과 보라색에 가까운 진분홍이 대부분이지만 하얀 천일홍도 간간이 눈에 띈다. 꽃이 피어 있는 기간이 길어 오래 볼 수 있고, 말려도 색이나 모양이 거의 변하지 않아 드라이플라워로도 많이 쓰인다. 꽃잎을 말려 차로 우려 마시면 콜레스테롤 수치를 낮춰준다고 하니 여러모로 쓰임새가 많은 꽃이다.

국내 최대 규모의 천일홍 군락지는 양주 나리공원이다. 천만송이 천일홍축제가 열리는 이곳에서는 9월과 10월에 3만 3천 제곱미터를 진분홍빛으로 물들인 천일홍 바다를 감상할 수 있다.

천일홍은 두 달 내내 만날 수 있지만 축제는 9월 주말 이틀 정도 열리며 이 기간에는 2천 원의 입장료를 내지 않고 무료로 들어갈 수 있다. 하지만 축제 기간에는 사람들이 많아 꽃구경 반, 사람 구경 반이라고 하니 참고하자.
조명축제 기간에는 경관 조명과 유등이 장식되어 야경과 꽃의 조화를 볼 수 있으니 선선한 가을밤 꽃 산책도 즐겨보자.

양주 나리공원
꽃 천국을 장식하는 가우라, 댑싸리, 안젤로니아

9월 ~ 10월

봄여름에 쉼 없이 꽃을 피우는 양주 나리공원. 9월과 10월이면 천일홍과 함께 아른아른한 분홍빛에 매혹되는 핑크뮬리, 연초록으로 자라나 깊어가는 가을과 함께 점점 더 붉게 물드는 댑싸리(코키아), 2018년 처음 심은 안젤로니아와 그 이후에 심은 가우라, 칸나, 코스모스 등 많은 종류의 꽃들을 볼 수 있다.

천일홍과 핑크뮬리가 피면 그야말로 전국에서 사람들이 모여든다. 들어가지 말고 눈으로만 감상하라는 안내문이 있는데도, 관리자들과 끊임없이 눈치 게임을 하듯 꽃밭에 들어가 사진을 찍는 사람들로 하루 종일 귓가에는 호루라기 소리가 맴돈다. 서로 예의를 지켜가며 관리자들의 고함 소리 대신 잔잔한 음악과 함께 기분 좋게 꽃구경을 하며 축제를 즐길 수 있기를 바란다.

| 고창 학원농장

계절마다 마음 설레는 꽃축제

📍 전라북도 고창군 공음면 학원농장길 158-6 ⓟ 가능 ☕ cafe 카페 동리 • 전라북도 고창군 고창읍 동리로 87-3 • 070-8813-5232

고창 학원농장은 33만 제곱미터가 넘는 곳에 청보리밭을 시작으로 유채꽃, 해바라기, 메밀꽃, 백일홍, 코스모스, 황화코스모스가 쉼 없이 꽃을 피워댄다.
해마다 꽃이 피는 시기와 종류가 조금씩 달라 지금쯤이면 어떤 꽃이 피어 있을까 설레는 마음으로 들르는 곳이다.
8월 말에서 9월 초의 학원농장은 아직 어린 메밀들이 무럭무럭 자라고, 작은 도로를 사이에 두고 왼쪽 밭에는 조금 일찍 파종한 메밀꽃과 함께 키 작은 해바라기와 황화코스모스가 피어난다.
8월 초의 여름 해바라기, 9월의 가을 해바라기와 코스모스, 하얗게 피어날 메밀꽃, 넓은 언덕에 하얀 눈이 소복이 쌓인 겨울 설경도 놓치지 말자.
돌아오는 계절에는 어떤 꽃이 어떤 모습으로 피어 있을지 늘 기대되고 기다려지는 학원농장(126, 162쪽)과 함께 선운사의 꽃무릇(160쪽)도 함께 즐겨보자.

autumn

영광 불갑사

초록 숲의 붉은 바다
꽃무릇

9월

전라남도 영광군 불갑면 불갑사로 450 ⓟ 가능 ☕ cafe 쉘부르 · 전라남도 영광군 백수읍 해안로 909 · 061-352-6541

꽃무릇은 잎이 있을 때는 꽃이 없고, 꽃이 필 때는 잎이 없어 꽃과 잎이 서로 그리워한다는 상사화의 한 종류로 석산화라고도 불린다. '이룰 수 없는 사랑'이라는 꽃말처럼 6~7월에 잎이 시들고 8~9월에 꽃이 피어난다. 산기슭이나 풀밭 등에서 군락을 이루지만 사찰에서 가장 흔히 볼 수 있다.

영광 불갑산 자락에 아늑하게 자리 잡은 불갑사는 전국 최대의 꽃무릇 군락지로 함평 용천사, 고창 선운사(160쪽)와 함께 가을 꽃무릇축제로 유명하다.

축제 기간이 지난 주말 아침에는 주차장도 여유롭고 관광객도 많지 않아서 좋다. 꽃무릇 사이 작은 오솔길을 따라 걷다 보면 대웅전 앞과 주변, 산자락 할 것 없이 꽃무릇이 지천으로 피어 있다.

꽃무릇을 구경한 다음에는 동해 같은 서해의 최고 해안길 백수해안도로 드라이브를 나서보자. 대한민국 자연경관대상 최우수상에 빛나는 대표적인 드라이브 코스다. 16.8킬로미터에 이르는 굽이굽이 해안도로 따라 넓은 해변과 해안 절벽을 감상하고, 노을전시관 또는 대신등대에서 환상적인 서해의 저녁노을을 볼 수도 있다.

| 남 원 향 기 원

도심 속 비밀의 화원
가을꽃

전라북도 남원시 동충동 795-1　구 남원역 주차장 이용　cafe
카페씨에스타 • 전라북도 남원시 시청로 42 • 063-633-2999

　　　　옛 남원역(남원폐역) 부지에 조성된 향기원은 시민들
에게는 휴식 공간이며, 남원을 찾는 관광객들에게는 꽃구경을 즐길
수 있는 공원으로, 12만 제곱미터 부지에 철마다 꽃들이 피어난다.
어느 해에는 천일홍이 가득하고, 또 어느 해에는 유채꽃이 노란 물결
을 이룬다. 해마다 피어나는 꽃이 조금씩 다르지만 봄에는 빨간 양귀
비와 노란 금계국이 어우러지고, 여름에는 체리세이지, 해바라기, 봉
숭아, 그리고 가을이면 철길 따라 피어난 코스모스와 알록달록 화려
한 백일홍이 계절을 알린다.

폐역 정문 승강장 앞에 펼쳐진 넓은 꽃밭을 중심으로 산책로와 철길을 걸으며 양쪽으로 피어난 코스모스에 심취하다 보면 아파트와 건물에 둘러싸인 도심 속 비밀의 화원 향기원이 보인다.

1시간이면 충분히 돌아볼 수 있으니 주말이나 연휴에 잠깐 들러 나들이하기에 좋다.
남원으로 여행을 왔다면 지난봄 철길과 어우러진 보라색 등꽃 터널로 유명세를 탔던 서도역의 가을도 느껴보자. 〈미스터 션샤인〉을 비롯해 여러 드라마 촬영지로도 유명한 서도역은 봄이면 벚꽃, 여름이면 배롱나무꽃, 깊은 가을에는 폐역사 목조건물과 기와지붕이 국화와 어우러져 한 폭의 그림을 선사한다.

인천 굴업도

푸른 바다 위로 일렁이는 수크령

📍 인천광역시 옹진군 덕적면 굴업리 P 불가 ☕ cafe 카페 아라 · 인천광역시 옹진군 덕적면 덕적북로 34

한국의 갈라파고스라 불릴 만큼 자연경관이 아름다운 굴업도를 찾아가는 길은 해외여행 못지않게 험난하다. 인천까지 차로 서너 시간, 인천연안여객터미널에서 덕적도까지 배로 1시간 이상, 덕적도에서 굴업도까지 또다시 배를 타야 하는 이동 거리는 섬에 도착하기도 전에 지쳐버릴 수 있다. 하지만 좋아하는 친구와 가족과 함께라면 그 시간들도 즐거운 추억이 된다. 몇 년 전 다녀온 2박 3일의 굴업도 여행은 추억 가득 낭만 가득한 최고의 여행이었다.

인천에서 90킬로미터 떨어진 이 섬은 사람이 엎드려 일하는 모습을 닮았다 하여 굴업도라고 불린다.

처음으로 사슴을 만날 수 있는 선착장에서 마을을 오가는 좁은 오솔길, 목기미해변, 코끼리바위, 해안사구, 덕물산 등 하루 이틀이면 섬 전체를 걸어서 돌아볼 수 있다. 하지만 운무가 짙으면 출항이 취소되어 발이 묶일 수 있으니 여행 일정을 넉넉히 잡고 여유 있게 구석구석 천천히 둘러보자.

사계절 좋은 것이 섬 여행이지만, 굴업도는 개머리언덕 능선마다 수크렁이 가득한 9월 가을 여행이 가장 좋다.

수크렁이 일렁이는 9월의 굴업도

맑은 날 역광에 반짝이는 수크령을 보면 마음이 일렁이고, 흐린 날에 야생 사슴과 함께 해무 속을 거니는 것도 낭만적이다. 작은 섬 전체가 볼거리로 가득하지만 특히 개머리언덕에서 내려다보는 바다와 수크령이 어우러진 풍경은 말로 표현할 수 없을 만큼 황홀하다. 수많은 별들이 쏟아지는 밤하늘은 지금까지 본 것 중 단연 최고다. 섬을 나올 때쯤에는 안 보이면 서운할 정도로 야생 사슴에 익숙해진다.

개머리언덕은 개머리능선을 지나 깊은 숲으로 들어가야 하는데, 아무도 없을 것 같은 숲 안쪽 언덕에 배낭 하나 짊어지고 온 수많은 백패커들 텐트가 즐비하다. 서해 끝 굴업도에서 일몰과 함께 오래도록 잊혀지지 않을 풍경을 가슴에 새겨보자.

덕적도에서 굴업도를 오가는 배는 짝수일과 홀수일의 경유지가 다르다. 홀수일은 1시간 거리지만 짝수일은 2시간이 소요되니 홀수일에 들어갔다 짝수일에 나오는 것이 좋다. 몇 년 전만 해도 많이 알려지지 않은 한적한 섬으로 민가 9가구에 주민 20명 내외가 살고 있는 서해안의 보물 같은 섬이었다. 하지만 지금은 주말이면 한 달 전에 배표를 예약해야 갈 수 있다고 한다.

배편 예약하는 방법 ⓐ www.kefship.com(1577-2891 고려고속훼리), www.daebuhw.com(032-887-0602 대부해운)

민박 예약하는 방법 ⓐ 굴업도민박 032-832-7100, 장할머니민박 032-831-7833, 고씨네민박 032-832-2820, 정현민박 032-819-2554 , 굴업민박 032-831-5349, 현아민박 010-8626-2554, 숙이네펜션 010-3134-3848 ⓦ 숙박료 5만 원, 식비 7~8천 원

목기미해변 앞 해안 사구 풍경

autumn

고창 선운사

남쪽 가을의 절정
꽃무릇

 9월 ~ 10월

전라북도 고창군 아산면 선운사로 250 P 가능
cafe 하눌구르미 · 전라북도 고창군 아산면 선운사로 84 · 010-4431-0320

　　진달래와 수선화가 한창인 4월의 선운사는 벚꽃 터널과 병풍처럼 산사를 둘러싼 동백나무숲이 절경을 이룬다. 봄에는 2천여 그루의 동백나무 군락을 보기 위해, 여름에는 배롱나무꽃과 계곡을 찾아, 늦가을에는 도솔천, 도솔암, 도솔제 등 화려한 단풍과 반영 사진을 찍기 위해, 겨울이면 도솔천과 산사의 설경을 담기 위해 사계절 사람들로 붐비는 곳.
배롱나무꽃이 지고 단풍이 들기는 이른 9월은 꽃무릇이 절정에 이른다. 입구부터 계곡과 산기슭 사이사이 무섭다 싶을 만큼 붉게 무리 지어 피어난다. 선운사 입구에서 도솔암까지 4킬로미터에 이르는 길과 하천 구석구석 꽃무릇이 피어나니 두어 시간은 족히 걸어야 모두 다 돌아볼 수 있다.

꽃무릇은 고창 선운사, 영광 불갑사(148쪽), 함평 용천사가 가장 유명하다. 함양 상림공원이나 보령 성주산자연휴양림, 하동 송림공원 등 지역 꽃무릇 군락지도 찾아보자.

고창 학원농장

서리처럼 하얗게 반짝이는 메밀밭

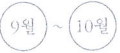 9월 ~ 10월

전라북도 고창군 공음면 학원농장길 158-6
가능　cafe 카페베리 · 전라북도 고창군 심원면 심원로 270-66 · 010-5542-7673

사계절이 좋아 1년에 몇 번을 찾는 학원농장은 청보리밭축제가 열리는 봄과 함께 메밀꽃 피는 가을을 최고로 꼽는다. 고창의 가을 메밀밭을 추천하는 또 다른 이유는 선물 같은 안개 자욱한 아침 때문이다. 일교차가 커서일까? 이른 아침 집을 나섰건만 가는 내내 산과 들에 가득한 안개가 자꾸만 차를 멈추게 한다.

얼마 전까지 해바라기와 황화코스모스가 자라던 주차장 앞쪽으로 안개 속에서 몽환적으로 빛나는 코스모스가 보인다. 코스모스 꽃밭이 넓지 않아 찾는 사람이 없어 조용한 꽃놀이를 즐길 수 있다.

금방이라도 공유가 튀어나올 것만 같은 〈도깨비〉 촬영지인 메밀꽃밭은 물론 건물 뒤편도 늦게까지 한창인 메밀꽃이 가을 아침 서리처럼 하얗게 반짝인다. 사람도 없는 넓디넓은 메밀꽃밭 사이사이를 뛰고 걷고 쉬다 보면 시간이 어느새 훌쩍 지나간다.

이 무렵 고창은 학원농장 말고도 언덕마다 메밀꽃이 지천으로 피어 있으니 천천히 주변을 돌아보자.

autumn

순천 순천만국가정원

분홍빛 안개가
피어오른 듯한 핑크뮬리

 9월 ~ 11월

전라남도 순천시 국가정원1호길 47 가능 cafe 순천 브루웍스 · 전라남도 순천시 역전길 61 · 061-745-2545

언제부턴가 서양억새 핑크뮬리와 팜파스그라스, 댑싸리(코키아) 같은 생소한 식물들이 코스모스와 국화 이상으로 사랑받고 있다. 2014년 제주도 휴애리자연생활공원을 시작으로, 양주 나리공원, 경주 첨성대, 부산 낙동강생태공원, 순천만국가정원까지 빠른 속도로 퍼져나갔다.
순천만국가정원은 오전 8시 30분부터 오후 6시까지 순천만습지와 함께 입장료 8천 원으로 둘러볼 수 있다. 넓디넓은 정원은 핑크뮬리 군락지부터 사람들이 모이니 더 붐비기 전에 핑크뮬리 구경부터 끝내고 다른 곳은 천천히 여유 있게 둘러보자.
사진으로만 보다가 처음 만난 핑크뮬리는 아무리 봐도 신비롭다. 잡아도 잡히지 않을 것 같은, 안개 같기도 하고 연기 같기도 한 묘한 느낌의 사랑스러운 분홍 억새다.

순천만국가정원과 순천만습지를 하루에 다 보려면 바삐 움직여야 한다. 오전 내내 정원 구석구석을 둘러보고, 저무는 태양빛에 붉게 물든 황금 갈대 위로 순천만습지의 감동적인 일몰을 만나자. 순천만국가정원은 사계절 축제가 끊이지 않는다. 봄에는 봄꽃축제, 여름에는 물빛축제, 가을에는 정원갈대축제, 겨울에는 별빛축제가 있으니 취향에 따라 즐겨보자.

8시 30분~18시 8천 원

| 남 원   신 생 마 을

층층계단의 신비로운
분홍빛 안개

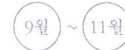

 전라북도 남원시 신생길 50 ⓟ 불가(마을길 이용) ☕ cafe 명문제과・전라북도 남원시 용성로 56・063-632-0933

　　　　전북 남원 입구의 작은 시골 마을은 다른 지역과 달리 층층계단 다랑이논에 핑크뮬리 군락지가 펼쳐져 있다. 일부러 길을 낸 것인지, 하나둘 들어가 사진을 찍다 보니 자연스레 만들어진 것인지, 겨우 한 사람이 걸어 들어갈 만한 길이 나 있어 핑크뮬리를 해치지 않고도 분홍빛 안개 속에 들어가 사진을 남길 수 있다.
신생마을 군락은 남원시에서 관광객 유치를 위해 1만 제곱미터 다랑이논에 막대한 예산을 들여 지난해 처음 조성했다고 한다. 첫해인데도 수많은 사람들이 찾았고, 외래종이다 생태계를 교란한다는 말도 많지만 한 번쯤 신비한 분홍빛 억새를 구경해 볼 만하다.

| 진 안 산 약 초 타 운

마이산 아래
꽃눈이 덮인 풍경

전라북도 진안군 진안읍 단양리 827 ⓟ 가능 ♨ **진안홍삼스파** · 전라북도 진안군 진안읍 외사양길 16-10 · 063-433-0396 · 매일 09:30~20:30(입장 마감 17:00) · 평일 3만 9천 원(일반), 3만 원(소인) / 주말 4만 3천 원(일반), 3만 4천 원(소인) ☕ **cafe 공간153** · 전라북도 진안군 진안읍 당산길 26-2 · 070-8869-5536

　　5월 단오에는 줄기가 다섯 마디가 되고, 음력 9월 9일에는 아홉 마디가 된다고 해서 구절초라고 한다. 흰색과 연보라색을 띠는 국화를 닮은 구절초 군락을 볼 수 있는 곳은 그리 많지 않다.

규모도 있고 오래된 정읍 옥정호 구절초축제와 세종시 장군산 영평사 구절초축제, 그리고 지역의 작은 축제 몇 군데가 전부다.

전북 진안 북부 마이산 입구에 있는 산약초타운이 새로운 구절초 군락지로 떠오르고 있다. 구절초 뒤로 마이산이 솟은 산약초타운에는 맥문동, 비비추, 원추리 등 약초류 150여 종과 조경수 40여 종이 자라고 있다. 2015년부터 6만 제곱미터에 구절초 150만 본이 식재되었다고 한다. 아직 많이 알려지지 않아 비교적 한적하게 꽃숲을 즐길 수 있는 이곳은 고요한 숲속에 함박눈이 내린 듯한 풍경과 구불구불 S 자 도로와 어우러진 환상적인 풍경을 연출한다.

경사가 급해 힘들면 쉬어 갈 벤치도 중간 중간 놓아두었다. 정상에서 내려다보면 산 아래 초록 나뭇잎과 어우러진 하얀 구절초가 한눈에 들어온다. 실컷 보고도 아쉬움이 남아 다음 날 또 찾고 싶은 곳이다.

정읍 옥정호 구절초테마공원

솔숲 가득 피어나는
구절초 향기

📍 전라북도 정읍시 산내면 매죽리   Ⓟ 가능   ☕ cafe 하루·전라북도 임실군 운암면 강운로 1175-13 · 063-643-5076

정읍 옥정호 구절초테마공원은 소나무숲 아래 가득 핀 하얀 구절초가 추령천과 옥정호의 물안개와 어우러져 최고의 가을 풍경을 빚어낸다. 구절초다리 건너 행사장 입구의 왼쪽 주차장에 차를 세우면 제1매표소인 산책로 입구 '꽃바람 순정문'으로 입장할 수 있다. 입장료 5천 원에는 5천 원짜리 전북투어패스와 3천 원짜리 쿠폰이 포함되어 있다. 쿠폰은 축제장 내에서 지역특산품이나 먹거리로 교환할 수 있고, 투어패스 카드는 행사 기간 중 내장산을 비롯한 정읍 지역을 여행할 때 각종 할인이나 무료 입장도 가능하다.

제1매표소 입구부터 시작해 오르락내리락 이어지는 소나무숲 산책길을 걸으면 기분 좋은 구절초 향기에 흠뻑 취할 수 있다. 산을 한 바퀴 돌아 전망대와 구절폭포, 생태습지까지 돌아봤다면, 산 아래 천변에도 내려가 보자. 코스모스와 해바라기, 메밀꽃 등 온갖 가을꽃들이 피어나니 숲과 안개, 꽃향기까지 한꺼번에 즐길 수 있다.

구절초밭만 12만 제곱미터에 이르는 옥정호 구절초테마공원은 29만 6천여 제곱미터에 구절초정원, 물결정원, 들꽃정원, 사계정원으로 '구절초지방정원'을 만들 계획이라고 하니 앞으로 더욱 기대된다. 10월 아침에는 사진작가들이 선정한 대한민국 최고의 출사지에서 소나무 향과 구절초 향이 짙게 밴 가을 속에 풍덩 빠져보자.

₩ 5천 원

정읍 구절초테마공원
안개에 싸인 코스모스

7월

구절초테마공원에서는 코스모스와 해바라기, 메밀꽃 등 온갖 가을꽃들을 만날 수 있다. 대부분 구절초를 먼저 보고 코스모스를 보는데, 순서를 바꾸면 한적하게 안개 자욱한 몽환적인 코스모스를 볼 수 있다. 높은 산 사이에 자리하고 있어 조금 늦은 오후에 방문하면 해가 이미 져버린다는 점을 기억하자.

| 태 안 청 산 수 목 원

가을 하늘을 풍성하게 채우는 팜파스그라스

 9월 ~ 11월

충청남도 태안군 남면 연꽃길 70 ⓟ 가능 cafe 트레블브레이크 · 충청남도 태안군 안면읍 등마루1길 125 · 010-9510-9036

아직은 더위가 완전히 가시지 않은 9월에 팜파스그라스를 만나러 태안의 청산수목원을 찾아보자. 매표소를 지나면 입구의 삼나무길부터 삼족오미로공원 등 곳곳이 발길을 붙잡는다. 그러나 이 시기 청산수목원을 찾는 사람들은 대부분 팜파스그라스를 만나기 위해서다. 사람들로 북적거리기 전에 팜파스그라스를 먼저 둘러보고 천천히 다른 곳을 돌아보자.

팜파스그라스는 남미의 초원지대를 일컫는 '팜파스(pampas)'와 풀을 뜻하는 '그라스(grass)'를 합친 말로 서양갈대, 서양억새라고도 불린다. 하얗고 작은 억새 숲에 둘러싸인 신기한 풍경에 발길이 떨어지지 않아 한참을 머문다.

매년 여름이면 연꽃축제가 열리고, 봄에는 홍가시와 꽃창포, 가을에는 수련과 핑크뮬리, 댑싸리(코키아), 팜파스그라스가 피어나고 단풍길까지 볼 수 있으니 태안 여행을 계획하고 있다면 꼭 한 번 들러보자.

청산수목원 ⓥ 봄(4~5월) 9~17시, 여름(6~10월) 8~17시, 겨울(11~3월) 10~17시 ⓦ 어른 7천 원, 청소년 5천 원

고창 고인돌공원

오감만족
국화 여행

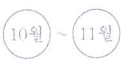 10월 ~ 11월

전라북도 고창군 고창읍 고인돌공원길 74(고인돌박물관) 고인돌박물관 주차장 이용 cafe W2카페 · 전라북도 고창군 고창읍 석정1로 105-2 · 063-564-4322

마음이 싱숭생숭하거나 외롭고 허전한 날에는 분홍 또는 보랏빛 소박한 국화 한 다발이면 마음을 따뜻하게 채우기에 충분하다. 고창의 국화축제는 고인돌공원 인근 2만 2천 제곱미터 부지와 900미터 산책로를 따라 조성된 오색 국화밭과 식용 국화밭을 감상할 수 있다. 천연염색 작품을 전시하고, 국화차 만들기와 염색 체험도 가능하며, 소규모 각종 공연도 볼 수 있다. 볼거리, 즐길 거리, 먹거리까지 말 그대로 오감만족 여행이 가능한 곳이다. 축제 마지막 날에는 식용 국화꽃을 무상으로 딸 수 있으니 그 또한 좋은 추억이자 선물이 된다.

전국 곳곳에서 크고 작은 국화축제가 열리지만 고창은 선사시대부터 현대까지 자연과 역사와 문화가 어우러진 축제로, 세계문화유산에 등재된 고창 고인돌공원과 운곡람사르습지 생태탐방로까지 함께 둘러볼 수 있다.

고인돌박물관을 제외하고 입장료와 주차료가 무료이지만 축제 기간에는 많이 복잡하니 국화만 보고 싶다면 축제가 끝나고 조용한 때에 방문하는 것이 좋다. 깊어가는 가을 오색찬란한 국화와 함께 가을 정취에 흠뻑 빠져보자.

전주 전주향교

하늘과 땅이
노랗게 물들다

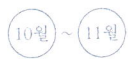

📍 전라북도 전주시 완산구 향교길 139 Ⓟ 가능 ☕ cafe 카페 브리즈 • 전라북도 전주시 완산구 전동성당길 66 • 063-232-5501

2018년 단풍 구경하기 좋은 여행지 1위에 선정된 전주 한옥마을. 600년 된 은행나무가 노랗게 익어가는 전주향교를 중심으로 경기전과 오목대의 가을 풍경은 둘째가라면 서러운 풍경이다. 〈성균관 스캔들〉, 〈구르미 그린 달빛〉 등 수많은 드라마에 등장한 이곳은 여름에는 배롱나무꽃, 가을에는 샛노란 은행나무가 사람들의 마음을 빼앗는다.

전주향교 은행나무는 다른 곳에 비해 좀 늦은 편이다. 위쪽 지방은 이파리 하나 없이 다 떨어질 무렵에야 노란 물이 들기 시작하니 서두를 필요 없다.

이곳의 은행나무는 정문 만화루 2층 누각에 올라 바닥을 노랗게 뒤덮은 은행잎을 감상하는 것부터 시작한다. 400년이 넘은 대성전과 최고의 포토존인 명륜당 앞은 이미 관광객들과 소풍 나온 아이들로 활기차다.

전주 향교 입구

◁ 명륜당 안쪽 대성전 앞

전주 한옥마을에 결코 뒤지지 않는 건지산과 오송제(생태호수공원) 주변 단풍 숲길도 걸어보자. 짧은 산책길에서 만나는 붉은 단풍숲이 도심 속 공원이라는 것이 믿어지지 않을 만큼 아름답다.

◁ 명륜당 입구

📍 충청남도 아산시 염치읍 백암리 502-3 Ⓟ 공영주차장 이용 🍽 cafe 시루4294・충청남도 아산시 송악면 강당로119번길 11・041-549-4294

한국의 10대 가로수길에 선정될 만큼 아름답기로 소문난 아산시 곡교천 은행나무길. 현충사로 이어지는 2.2킬로미터 도로에 50년이 넘은 은행나무 350여 그루가 곡교천 코스모스와 어우러져 잠깐의 산책만으로도 깊은 가을을 느낄 수 있다. 차량도 통제하니 안전하고 여유롭게 즐기기에 더욱 좋다.

가로수길 시작과 끝 지점의 1·2주차장과 공영주차장, 그리고 시민체육공원 주차장에 주차하면 된다. 어디나 그렇듯 축제 기간에는 은행나무 아래 빼곡히 들어선 천막들이 사진을 방해할 수 있으니 더 운치 있는 은행나무길을 감상하고 싶다면 축제가 끝난 이후에 찾는 것이 좋다.

하늘도 땅도 온통 노랗게 뒤덮은 은행나무길을 보려면 때를 잘 맞춰야 한다. 해마다 날씨에 따라 조금씩 달라지는데, 큰 변화가 없다면 11월 초에서 10일 사이가 적당하다.

곡교천 은행나무길은 강원도 홍천 은행나무숲, 충남 보령 청라은행마을, 거창 의동마을과 함께 전국에서 손꼽히는 명소다. 노란 은행나무 터널 아래로 폭신폭신 노란 카펫 위를 걸어보고 싶다면 11월에는 아산으로 떠나보자.

천안 독립기념관 단풍나무 숲길

걸음걸음
온통 붉고 노란빛

📍 충청남도 천안시 동남구 목천읍 남화리 산5-1　Ⓟ 가능
☕ cafe 카페소풍 · 충청남도 천안시 동남구 목천읍 서리1길 26 · 041-555-1078

2018년 제2회 단풍나무 숲길 힐링 축제를 끝낸 독립기념관 단풍나무 숲길은 1995년 직원들이 1200그루의 단풍나무를 직접 심어 조성했다고 한다. 3.2킬로미터에 걸쳐 독립기념관 외곽을 둘러싼 단풍나무 숲길은 오르락내리락, 좁아졌다 넓어졌다 지루하지 않게 편안한 산책을 할 수 있다. 휠체어도 비교적 쉽게 오를 수 있는 야트막한 언덕으로 어린아이들과 어르신을 동반한 가족들이 많이 찾는다.

3.2킬로미터를 한 바퀴 돌아보려면 겨레의 탑을 지나 단풍나무 숲길 이정표를 따라 시계 방향으로 돌아도 되고, 반대 방향으로 돌아도 같은 풍경이다. 하지만 시간에 따라 해를 바라보며 걷는 역광 방향이 반짝반짝하고 입체적이어서 훨씬 예뻐 보이니 참고하자.

숲길 시작 지점부터 단풍이 너무 예뻐 앞으로 나갈 수가 없다. 숲길 중간 중간 붉고 노랗게 바닥을 가득 덮은 단풍잎에 마음을 뺏겨 1시간 30분이면 충분히 걷는 숲길을 몇 시간째 걷는다. 단풍의 계절이 아니더라도 산책하기 너무 좋아 해마다 찾고 싶은 곳이다.

광주 무등산국립공원

900고지 평원을
하늘하늘 뒤덮은 억새

 광주광역시 북구 무등로 1522-1 ⓟ 원효사 주차장 이용 ☕ cafe 빌라로마 · 광주광역시 동구 지호로 136 · 062-228-1355

여름에는 우거진 초록, 가을에는 단풍과 억새, 그리고 겨울이면 설경이 유명한 1100고지가 넘는 무등산국립공원은 광주 도심 한가운데 자리하고 있다. 원효사 주차장에서 경사가 비교적 완만한 무등산 옛길 따라 천천히 오르다 보면 어느새 중봉과 천왕봉 사이 해발 900고지에서 억새 평원을 만난다.
전국 곳곳에 억새 군락이 있지만 여름에는 초록이 넘실대고 가을에는 억새가 하늘거리는 평원의 느낌이 너무 좋아서 무등산을 찾는다. 덕유산 중봉도 좋더니, 무등산 중봉과 닮은 듯도 하다.
어느 해는 서석대, 입석대, 장불재를 돌아보고, 또 어느 해는 억새만 보려고 중봉에 오르기도 한다. 억새 시기와 날씨도 좋은 날을 맞추기가 쉽지 않지만 보통 10월 말에서 11월 중순 정도가 적당하다. 하지만 그때그때 상황을 알아보고 떠나는 것이 좋다.

원효사 주차장 — 무등산 옛길 — 중봉

내려오는 길은 중봉에서 동화사터, 바람재를 지나 원효사로 향한다. 단풍이 드는 시기에는 제법 넓은 길 위로 하늘이 보이지 않을 만큼 알록달록한 숲을 이루니 따로 단풍놀이를 가지 않아도 아쉽지 않을 풍경을 만날 수 있다.

중봉　　　동화사터　　　바람재　　　원효사

장수 장안산

가을 산을
하얗게 뒤덮은 억새

◯ 11월

📍 전라북도 장수군 계남면　　🅿 무룡고개 주차장 이용　　☕ cafe
장수 긴물찻집 · 전라북도 장수군 천천면 삼고길 270-3 · 063-353-5826

장안산은 900미터의 무룡고개에서 시작되는 등산로 덕분에 300미터의 완만한 산길을 산책하듯이 오르면 정상 부근의 능선이 온통 억새로 뒤덮인 장관을 만날 수 있다. 억새와 단풍이 유명한 장안산은 전주에서 1시간도 채 걸리지 않아 오후에 느긋하게 출발해도 해발 1237미터 정상에 올라 하얗게 피어난 억새를 구경할 수 있다. 신불산 간월재 억새 평원이나 정선 민둥산 억새축제, 경주 무장산 억새축제처럼 광활하지는 않지만 조용하고 소소하게 억새를 즐기기에 모자람이 없다.

무룡고개 입구와 대곡 저수지를 따라 논개생가마을까지 봄이면 벚꽃이 흐드러지게 피어나 드라이브하기에 손색없다. 임진왜란 때 왜장과 함께 진주 남강에 뛰어든 논개의 생가(의암주논개생가지)와 논개생가마을(주촌민속마을)도 둘러보자. 돌담과 너와지붕, 마을 앞으로 작은 계곡이 흐르는 아담한 논개생가마을은 한때 드라마 촬영지로 관광객이 많이 찾던 곳이다. 봄이면 벚꽃, 개나리, 철쭉이 피고, 여름에는 백일홍이 가득하다. 올가을에는 국화가 한아름 피어 있지 않을까 상상해 본다.

논개의 실제 생가는 대곡 저수지를 만들면서 수몰되었고, 생가만 복원한 곳이 의암주논개생가지다. 그 위쪽으로 주촌민속마을이 자리 잡고 있다.

제주도 새별오름 / 유채꽃프라자

푸른 바다로
더욱 빛나는 억새

(11월)

📍 제주특별자치도 제주시 애월읍 봉성리 산59-8(새별오름), 제주특별자치도 서귀포시 표선면 녹산로 464-65(유채꽃프라자) 🅿 가능 ☕ cafe 제주 새빌카페 • 제주특별자치도 제주시 애월읍 평화로 1529 • 064-794-0073

제주의 가을은 억새로 시작해서 억새로 끝난다고 해도 과언이 아니다. 굳이 군락지나 오름을 찾지 않아도 된다. 제주공항에서 시작해 해안도로를 한 바퀴만 돌아도 애월이며 월정리며 제주 바다와 어우러져 한 폭의 그림을 빚어내는 억새를 만날 수 있다.

그중 특히 유명한 곳이 바로 새별오름이다. 초저녁에 외롭게 떠 있는 샛별 같다고 하는 새별오름은 우리나라 최고의 억새 여행지다. 가을이면 억새를 보기 위해 수많은 사람들이 몰려들지만 주차장도 넓고 오름 곳곳에서 억새를 즐길 수 있어 그리 붐비지는 않는다. 519미터 정상까지 돌아보는 데 1시간 남짓이면 충분하다.

애월에서 새별오름으로 향하는 길에도 버려진 들판 같기도 하고 공사장 같기도 한 어마어마한 억새밭을 우연히 만나 시간 가는 줄 모르고 사진을 찍었던 기억이 있다.

◁△ 새별오름의 억새

봄이면 노랗게 물드는 유채꽃프라자도 가을이면 드넓은 벌판 가득 새하얀 억새로 뒤덮인다. 사방을 둘러봐도 온통 억새 천지인 유채꽃 프라자는 풍력발전기와 어우러져 새별오름의 억새와는 또 다른 분위기를 선사한다. 특히 전망대에서 내려다보는 풍경은 눈 쌓인 넓고 하얀 들판처럼 마음까지 탁 트인다.

해 질 무렵의 새별오름

유채꽃프라자

| 나주 전남산림자원연구소

가을의 끝을 붉게 물들이는 메타세쿼이아길

(11월)

📍 전라남도 나주시 산포면 다도로 7　Ⓟ 가능　☕ cafe 버킷114 • 전라남도 나주시 상야1길 21 • 061-818-2114

비교적 긴 여름에는 초록초록한 모습을 쉽게 볼 수 있지만, 하늘 위와 아래가 온통 붉게 물드는 메타세쿼이아를 보기는 쉽지 않다. 아직 초록의 기운이 남아 있어 조금 더 기다려야겠다 싶으면 어느새 낙엽만 쌓여 있다.

나주에 있는 전남산림자원연구소는 메타세쿼이아길과 향나무길을 시작으로 대나무 숲길, 장미원, 매화원, 화목원, 산림욕장 등으로 사람들의 발길을 끈다.

공원이나 수목원처럼 가볍게 산책할 수 있는 전남산림자원연구소는 메타세쿼이아가 붉게 물드는 가을도 좋지만, 여름날 초록의 가로수길 아래를 보랏빛으로 물들이는 맥문동도 볼 수 있다. 전남 담양과 전북 진안의 메타세쿼이아길이 유명하지만 좀 더 한가롭게 즐기고 싶다면 나주의 전남산림자원연구소를 찾아보자.

⊙ 하절기(3~10월) 9~18시, 동절기(11~2월) 9~17시, 마감 1시간 전에는 입장해야 한다 ⓦ 무료입장

flower TOUR

WINTER
겨울

반짝반짝 눈꽃이 피는
겨울 꽃놀이

추운 겨울에 꽃이라니. 겨울이라는 단어와 꽃은 서로 모순되는 듯하다. 하지만 겨울에도 눈이 부실 만큼 반짝이는 꽃이 핀다. 새하얀 눈꽃 아래서, 송이송이 붉고 황홀한 동백숲에서 봄가을보다 더 감동적인 꽃 세상을 만날 수 있다.

제주도 제주동백수목원 /
동백포레스트 / 카페 동박낭

진한 분홍빛이
뚝뚝 떨어지다

 12월 ~ 2월

📍 제주특별자치도 서귀포시 남원읍 위미리 927(제주동백수목원) / 제주특별자치도 서귀포시 남원읍 신례리 1767(동백포레스트) Ⓟ 가능
☕ cafe 카페 동박낭 · 제주특별자치도 서귀포시 남원읍 태위로 275-2 · 064-764-3004

위미리 제주동백수목원

1월에서 4월 사이에 피어나 꽃송이째 툭툭 떨어지는 붉은 토종 동백과 달리 제주는 12월에서 2월 사이에 꽃이 피며 잎이 한장 한장 떨어지는 분홍빛 애기동백이 대부분이다.
카멜리아힐과 휴애리자연생활공원도 유명하지만 가장 먼저 떠오르는 것은 위미리 동백 군락지로 유명한 제주동백수목원이다.
작은 마을로 들어가 사람들이 움직이는 곳으로 따라 걸어가면 제주 동백수목원을 만날 수 있다. 늦은 시간에 도착해 빛도 없고 사람들은 너무 많지만 놀라울 정도로 화사한 모습에 넋을 잃는다.
지난겨울 가오픈 상태로 개방한 동백포레스트는 제주 동백의 새로운 핫 플레이스로 떠오르는가 했는데 주차와 주변 민원 문제로 한

동백포레스트

달을 채우지 못하고 개방이 종료되었다. 제주동백수목원과 비슷하지만 사람들로 붐비지 않아 오롯이 새소리와 동백에만 집중할 수 있다.
또 다른 숨은 동백꽃 명소는 카페 동박낭이다. 군락지와 수목원 못지않은 동백정원에서 커피 한잔을 마시는 여유를 가져보자.

제주동백수목원 ⓦ 3천 원

카페 동박낭

전주 건지산 편백나무 숲길

눈이 내리면
겨울숲으로 가자

(12월)

전라북도 전주시 덕진구 덕진동1가 산28 ⓟ 조경단 주차장 이용 cafe 그날의온도 · 전라북도 전주시 덕진구 원동로 45 · 063-214-8226

전주 덕진동에 위치한 조경단(전주 이씨 시조의 묘소)과 실내 배드민턴장 뒤쪽으로 산책하기 좋은 건지산 편백나무 숲길이 있다. 여름이면 돗자리와 도시락을 챙겨 소풍을 나가기도 하고, 인근 주민들에게는 아침저녁 트레킹 코스로도 많이 이용되는 곳이다. 건지산 자락에 살포시 눈이 내리면 더욱더 빛나는 겨울 숲이 된다. 눈 쌓인 겨울 숲은 초록의 여름 숲과는 또 다른 느낌이다.

조경단 담벼락을 따라 살짝 올라가면 초록 나뭇잎에 하얀 눈이 소복이 쌓여 마치 거대한 크리스마스트리 같다. 어둡고 적막한 편백나무 숲에 빛이라도 한 줄기 들어오면 숲 전체가 환해지는 느낌이다. 미세한 바람에 나뭇가지에 쌓여 있던 눈이라도 후두두 날리면 역광에 다시 한 번 반짝이며 황홀한 풍경을 보여준다. 이처럼 눈 쌓인 편백나무숲은 크리스마스 선물 같은 감동을 안겨준다.

편백나무 숲을 걷는 것만으로도 힐링이 되는 건지산의 겨울, 눈이 내리면 편백나무숲과 소나무숲으로 이어진 건지산 조경단 둘레길로 나가보자. 여름처럼 찾는 사람이 많지 않아 한적한 나만의 겨울 숲을 즐길 수 있다.

무주 덕유산

크리스마스트리 같은
최고의 눈꽃

1월

📍 전라북도 무주군 설천면 만선로 185 Ⓟ 무주덕유산리조트 주차장 이용 ☕ cafe 무주 정원산책 · 전라북도 무주군 안성면 공정리 48-1 1층 · 010-9605-2707

무주 덕유산은 초록으로, 단풍으로, 설경으로 사계절 끊임없이 사람들이 몰려드는 명산이다. 특히 겨울 덕유산은 안개와 운해 속으로 떠오르는 눈부신 일출과 국내 최고의 눈꽃을 감상할 수 있다.

무주덕유산리조트에서 곤돌라를 타고 올라가면 쉽고 편하게 눈꽃을 만날 수 있는 것도 많은 사람들에게 사랑받는 이유다. 겨울 성수기인 10월부터 2월까지 공휴일과 주말에는 사전 예약을 해야만 관광 곤돌라를 이용할 수 있다. 왕복 1만 6천 원(어른)으로 비싼 편이지만 곤돌라에 올라 주변 풍경을 잠깐 둘러보는 사이 1520미터 설천봉에 도착하니 그저 고마울 뿐이다. 설천봉에 내려 안개에 묻힌 멋진 상제루를 한 바퀴 둘러보고 20여 분 정도 올라가면 우리나라에서 네 번째로 높은 1614미터 향적봉이다.

설천봉에서 향적봉과 중봉으로 이어지는 눈꽃 트레킹은 1시간 정도 걸으며 만날 수 있는 짧은 구간 최고의 코스다. 특히 중봉에서  내려다보는 안개와 어우러진 덕유평전의 설경은 하루 종일 보고 있어도 지겹지 않을 듯하다. 눈꽃과 구름, 안개까지 어우러진 중봉은 초록의 여름날도 좋더니 겨울 또한 최고의 풍경을 선사한다.

| 무주 덕유산
아름다움이 능선마다 피어오르는 덕유산의 여름

(7월)

덕유산의 풍경은 단연 설경이지만, 푸르른 여름 풍경도 기억하자! 곤돌라를 타고 올라 덕유산 정상에서 보는 여름은 겨울 못지않게 아름답다.

높은 산이라 한여름에도 그리 덥지 않고 정상에서 보이는 볼록볼록한 초록 능선이 예쁘다. 산에서 피어나는 안개인지 운해인지 뽀얀 연기 같은 것이 차오를 때면 그 아름다움과 상쾌함이 무엇에도 비할 수 없다.

제주도 한라산 1100도로

숨 막힐 듯
하얀 눈꽃 드라이브

📍 제주특별자치도 서귀포시 색달동 산1-2 ⓟ 1100고지 휴게소 주차장 이용

꼭 산에 올라야만 설경을 만날 수 있는 것은 아니다. 차를 타고 달리면서 환상적인 눈꽃을 만날 수 있는 곳이 있다. 해발고도 1100미터에 이르는, 우리나라에서 가장 높은 도로인 한라산 중턱의 1100도로는 어린아이와 부모님을 동반한 가족들도 부담 없는 눈꽃 드라이브길이다.

제주시와 서귀포시를 잇는 산악도로로 단풍 시즌을 비롯한 사계절 내내 드라이브를 즐길 수 있지만 특히 겨울 눈꽃은 단연 최고다.

1100고지 휴게소에 주차하면 도로 반대편에 걷기 좋은 나무 데크 산책길이 있다. 제주시에서 서귀포로 넘어가거나, 서귀포를 둘러보고 제주시로 넘어가는 길에 30분 정도 걷는 것만으로 충분한 겨울을 느낄 수 있다. 1100고지 습지는 멸종 위기종 및 희귀종이 서식하고, 독특한 지형에 발달한 고산 습지로서 가치가 인정되어 습지보호지역으로 선정되었다. 겨울 눈꽃이 아니어도 제주에 가면 꼭 1100도로를 달려보자.